Anke Mücke

Zufrieden an der Leine

Der Weg zum
leinenführigen Hund

KOSMOS

Zu diesem Buch 4

Das Training richtig vorbereiten 7
Das kleine Erziehungs-Equipment 8
Wie Hunde lernen 10
Methoden, die helfen 22
Mit Belohnung motivieren 28
Ausrüstung und Hilfsmittel 40
Der Trainingsplan 52

Der Weg zum leinenführigen Hund 61
Das Ziel: Zufrieden an der Leine 62
Warum zieht er nur? 64
Das Leinentraining 67
Troubleshooting: Wenn er trotzdem zieht 86
Der Leinenkasper 88

Friedlich an der Leine 89
Das Ziel: Leinenaggression abbauen 90
Warum ist er aggressiv? 91
Trainingsvorbereitungen 94
Das Anti-Aggressions-Training 96
Gut gemeinte Ratschläge 106
Erste Hilfe bei unerwarteten Begegnungen 109
Troubleshooting: Wenn er trotzdem tobt 115

Service 122
Zum Weiterlesen 124
Nützliche Adressen 125
Register 126
Impressum 128

Zu diesem Buch

Es gibt Hunde, die ohne Leine unter größter Ablenkung perfekt „bei Fuß" gehen. Die ihrem Menschen an der Ferse kleben und selbst dann nicht von seiner Seite weichen, wenn auf der anderen Straßenseite ein Irischer Wolfshund im Clownkostüm einen Flickflack hinlegt und kostenlos saftige Rinderknochen verteilt. Doch bei vielen Vierbeinern sieht es ganz anders aus.

Missverständnisse allerorten

Missverständnisse sind so häufig, dass man sie eigentlich allerorts beobachten kann, wo Menschen mit Hunden zusammenleben und sich mit ihnen beschäftigen. Nur leider werden sie nicht als solche erkannt. Eher wird der Hund in diesen Fällen als ungehorsam, stur oder gar „dominant" abgestempelt.

Missachtung von Lerngesetzen

Vielleicht werden Sie im Folgenden auf Zusammenhänge stoßen, die häufig anders erklärt wurden oder immer noch werden. Es wird für den normalen Hundehalter immer schwieriger, die Übersicht zu behalten. Lesen Sie, hinterfragen Sie, und sehen Sie sich mit diesem Wissen die Hunde an. Sehen Sie sich vor allen Dingen Hunde in den unterschiedlichen Ausbildungsmethoden an. Wenn ich es nicht schaffen sollte, Sie zu überzeugen, dass manche Dinge eben nicht so sind, wie sie vielleicht schon jahrelang angenommen oder gar unterrichtet werden, die Hunde schaffen das bestimmt.

Toleranz unter Hunden

Die vielen Gespräche, die sich innerhalb meiner Beratungstätigkeit um das Thema „Ablenkungsresistenz" drehen, zeichnen ein deutliches Bild: Demnach gibt es viele Hundebesitzer, die schon froh darüber wären, wenn sie ohne Szene an dem kleinen Nachbar-Hund vorbeikämen.

Manche Hunde zeigen anderen Hunden gegenüber gar keine Toleranz. Es kann zum Albtraum werden, mit ihnen spazieren zu gehen, zum Beispiel wenn ein fremder Hund um die Ecke biegt und der Halter die Kontrolle über seinen Hund und die Situation verliert. Es ist kein Vergnügen und ganz schön anstrengend, sich von einem Hund mittlerer Größe durch die Gegend zerren zu lassen.

Eine Frage der Größe
Nachhaltiges Ziehen und Rüpeln verursachen oft Frust, Hilflosigkeit und Verzweiflung am menschlichen Ende der Leine. Ob Hundehalter mit dem Leinezerren ihres Vierbeiners leben können oder nicht, hängt häufig von der Größe des Hundes ab. Bei kleineren Hunden wird das Leineziehen öfter akzeptiert, während sich bei größeren und schwereren Hunden der Wunsch nach einer Verhaltensänderung abzeichnet. Es ist auch eine Frage der Kontrolle: Sicherlich lässt sich ein ziehender Dackel leichter kontrollieren als ein ziehender Schäferhund. Doch egal ob Riese oder Winzling – ziehen muss nicht sein! Das (wieder)gefundene Vergnügen eines unbeschwerten Hundespaziergangs ist es allemal wert, die Mühen einer Verhaltenskorrektur in Angriff zu nehmen!

4 Gründe, warum Ihr Hund an der Leine gehen sollte
1. Rücksicht nehmen Nicht jeder mag Hunde, und mancher bekommt beim Anblick eines nicht angeleinten, auf ihn zulaufenden Hundes regelrechte Panikattacken. Selbst ein entgegengerufenes „Meiner macht nichts – der schnuppert nur!", kann denjenigen nicht beruhigen und schürt nur den Ärger über Hunde und ihre Halter.

2. Anderen Hunden begegnen Auch andere Hunde sind nicht ausnahmslos von ihren Artgenossen begeistert, und selbst wenn Ihr Hund ohne Leine wunderbar mit anderen auskommt, heißt das noch lange nicht, dass das auch auf

Hunde, die problemlos an der Leine gehen, genießen mehr Freiheiten.

die anderen Hunde zutrifft. Wahrscheinlich gibt es einen guten Grund dafür, dass jemand seinen Hund nicht ableint. Vielleicht ist er krank, alt, grantig oder alles zusammen.

3. Jagen vermeiden Auch Jogger, Radfahrer, Inline-Skater, Hasen, Vögel und Eichhörnchen sind in der Regel froh über einen angeleinten Hund.

4. Häufig dabei Hunde, die sich gut benehmen und sich an der lockeren Leine führen lassen, werden von ihrem Halter viel häufiger mitgenommen als die Leinenrüpel.

Vom Tauziehen zum Spaziergang

In diesem Buch geht es um die Verhaltenskorrektur erwachsener Hunde. Sie erhalten wertvolle Tipps und Hilfen, wie aus dem täglichen „Tauziehen" ein schöner Spaziergang werden kann. Und Sie lernen, welche Handlungen Sie einleiten sollten, um die Aufmerksamkeit Ihres Hundes zu erhalten und ihn so auf sich statt auf andere Hunde oder andere Ablenkungen zu konzentrieren. Aggressionen gegen Artgenossen können und sollen in diesem Rahmen nicht behandelt werden. Für die Behandlung von aggressivem Verhalten Ihres Hundes sollten Sie die Hilfe eines professionellen, kompetenten und erfahrenen Trainers in Anspruch nehmen. Im Anhang finden Sie Adressen, die Ihnen bei der Suche nach einer guten Hundeschule in Ihrer Nähe helfen können.

Sie können mit diesem Buch jedoch lernen, wie Sie Ihren angeleinten Hund als souveräner Partner aus der für ihn so schwierigen und unangenehmen Situation der Begegnung mit anderen Hunden lotsen. Am Ende des Trainings soll Ihr Vierbeiner nicht alle anderen Hunde lieben, sondern „einfach" in der Lage sein, diese höflich zu passieren, ohne sich wie ein Verrückter zu benehmen und an der Leine zu zerren.

Der Stress, den ein notorischer Leinenzieher oder ein wild zappelnder Leinen-Rambo bei Mensch und Hund verursacht, ist immens, und der Spaß, den ein harmonischer Spaziergang beiden Seiten bringen kann, der beste Grund dafür, seinen Hund an einen entspannten Gang an lockerer Leine zu gewöhnen – also: Fangen wir an!

Das Training
richtig vorbereiten

… 8 Das Training richtig vorbereiten

Das kleine Erziehungs-Equipment

Ein erfolgreiches Training erfordert ein paar kleine, aber entscheidende Vorbereitungen. Ganz so als würden Sie zu einer Bergtour durch schwieriges Gelände aufbrechen, brauchen Sie auch hier – neben einer guten Ausdauer – zunächst einmal das nötige Equipment und ein paar Hintergrundinformationen, damit Sie sicher durchhalten!

Werden Sie ein guter Coach

Machen Sie sich vor dem Trainingsbeginn klar, dass Sie derjenige sind, der am meisten gefordert ist! Sie und Ihr Hund sind ein Team, und Sie sind der Trainer. Wie erfolgreich Sie dabei sein werden, hängt auch davon ab, ob Sie bereit sind, Ihr eigenes Verhalten infrage zu stellen, zu relativieren und schließlich sogar zu verändern. Jedes Training wird leichter, wenn das Team gut aufeinander eingespielt ist:

Hintergrundwissen kommt auch Ihrem Hund zugute.

Je besser das Zusammenspiel zwischen Mensch und Hund funktioniert, umso größer und beständiger sind die Erfolge! Daher spielt nicht nur das Training eine Rolle, sondern auch, ob Sie und Ihr Hund ein gutes Team sind, ob sie sich vertrauen und viel miteinander unternehmen. Nur wenn Sie sich auf unterschiedlichen Ebenen häufig miteinander beschäftigen, kann es Ihnen gelingen, erfolgreich zu trainieren.

Mit einem ziehenden und/oder einem leinenaggressiven Hund fühlt man sich allerdings nicht gerade wie der Initiator eines „Winning Teams", doch das müssen Sie ändern.

Sie müssen Wege finden, um Ihrem Hund zu zeigen, was Sie von ihm wollen – und zwar hundgerecht! Zeigen Sie ihm alternative Verhaltensweisen und fördern Sie diese. Bei der Entwicklung dieser Strategie hilft Ihnen dieses Buch. Den Willen zur Umsetzung und die nötige Ausdauer müssen Sie selbst mitbringen.

Ein bisschen Theorie

Ganz ohne Theorie geht es auch in der Hundeerziehung nicht! Mit der richtigen Einstellung und dem entsprechenden Wissen, wie und warum etwas funktioniert, trainiert es sich wesentlich leichter. Das ist vor allem deshalb so wichtig, weil hier immer nur exemplarische Situationen beschrieben werden können. Sie und Ihr Hund bilden jedoch ein ganz individuelles Team. Um das Training genau auf Ihre Situation und auf den Charakter Ihres Hundes abstimmen zu können, brauchen Sie ein paar Hintergrundinformationen. Ich will hier nicht die gesamte Lerntheorie darstellen, sondern einen kleinen Abriss der Methoden geben, die am wichtigsten sind, und erklären, warum sich manche für das Leinentraining eignen und andere nicht. Wer sich gerne umfassender über das spannende Thema „Lernen" informieren möchte, dem empfehle ich das Buch „So lernt mein Hund" von Sabine Winkler.

Wie Hunde lernen

Hunde lernen anders als Menschen. Zwar lernen auch Menschen durch „Verknüpfung" und durch „Versuch und Irrtum". Allerdings können wir „durch Einsicht" und, im größeren Maße als Hunde, „durch Nachahmung" lernen. Wenn Sie verstehen, wie Hunde denken, entwickeln Sie ein besseres Verständnis, und es fällt Ihnen leichter, Ihre Wünsche zu vermitteln.

Klassische Konditionierung

Die klassische Konditionierung bedeutet „Lernen durch Assoziation" und findet im Alltag Ihres Hundes ständig statt. Das heißt, dass ein neutraler Reiz für Ihren Hund eine bestimmte Bedeutung erhält. Er lernt also, indem er verschiedene Dinge miteinander verknüpft.

Kennen Sie das auch?

Wenn Sie aufstehen und nach Ihrer Jacke und der Leine greifen, dann weiß Ihr Hund schon ganz genau, dass Sie gleich das Haus verlassen und er Sie begleiten darf. Der Griff nach der Leine ist bereits zum Schlüsselreiz geworden. Ihr Hund muss nicht erst darauf warten, dass Sie ihn zu sich rufen, um zu wissen, dass es nun nach draußen geht.

Stehen Sie hingegen auf und ergreifen statt der Leine Ihre Aktentasche, dann ahnt er schon, dass seine Chancen auf einen Ausflug schlecht stehen und er alleine bleiben muss. Der Griff zur Aktentasche hat für Ihren Hund einen gewissen Informationsgehalt, weil er sich nach vielen Wiederholungen der gleichen Szene gemerkt hat: Er darf Sie nicht begleiten, wenn Sie diese Tasche mitnehmen.

Die Bedeutung von Reizen

In diesem Fall handelt es sich um einen optischen Reiz, es kann aber genauso gut ein akustischer Reiz sein oder eine bestimmte Berührung. Die Reihenfolge muss jedoch immer gleich sein: Zuerst tritt der Reiz ein, und darauf folgt dann ein bestimmtes Verhalten. In unserem Beispiel kann das bedeuten, dass Ihr Hund ganz aufgeregt um Sie herumspringt, sobald Sie die Leine in die Hand nehmen – oder aber dass er sich beim Anblick der Aktentasche auf seiner Decke zusammenrollt.

Behalten Sie im Hinterkopf, dass dieses „Lernen durch Assoziation" immer stattfindet – auch wenn es Ihnen gar nicht bewusst ist! Im Training werden wir es uns zunutze machen, indem wir alte Assoziationen durch neue ersetzen und dem Hund folgende Formeln vermitteln:

Leinenführigkeit:
Leine = langsam = Belohnung

Leinenaggression:
Andere Hunde = Ruhe = Belohnung

Operante Konditionierung

Während die klassische Konditionierung automatisch abläuft, handelt es sich bei der operanten Konditionierung um einen bewussten, zielorientierten Prozess, der durch eine bestimmte Motivation des Hundes angetrieben wird. Die operante Konditionierung kann als „Lernen durch Versuch und Irrtum" beschrieben werden und basiert auf dem Prinzip: Wiederholt wird, was Erfolg hat – was erfolglos ist, wird vermieden!

Zuerst wird ein Verhalten gezeigt, das eine bestimmte Konsequenz nach sich zieht. Wenn Ihr Hund diese Konsequenzen als angenehm empfindet, wird er erneut das gleiche Verhalten in der gleichen Situation zeigen. Sind sie dagegen unangenehm, wird er es seltener, dann gar nicht mehr zeigen.

Auch Schuhe anziehen kann zum Signal für den Aufbruch zum Spaziergang werden.

Das Training richtig vorbereiten

Übung: Wie kommt der Hund an die Wurst

Sie halten in der rechten Hand ein gut riechendes Hundewürstchen, während Ihre linke Hand leer ist. Die linke Hand sollte auch nicht nach dem Würstchen riechen. Denken Sie also gleich daran, die Wurst mit der rechten Hand aus der Packung zu nehmen.

1. Zeigen Sie Ihrem Hund, was Sie Gutes in der Hand halten, doch er darf es noch nicht fressen!
2. Die leere Hand wird flach ausgestreckt, während die gefüllte Hand eine Faust bildet und das Leckerchen umschließt.
3. Nun halten Sie ihm beide Hände entgegen und lassen Sie ihn verschiedene Strategien ausprobieren, um an das Hundewürstchen zu gelangen. All seine Aktionen bleiben jedoch erfolglos, nur eine führt zum Ziel: Wenn er die leere linke Hand mit der Nase berührt, sagen Sie im selben Moment ein vergnügtes „Fein". Dann erhält er sofort das Würstchen aus der rechten Hand.

Ihr Hund soll ganz allein auf die richtige Lösung kommen. Bleiben Sie passiv und reden Sie nicht mit ihm. Allerdings dürfen Sie nicht den richtigen Moment für Ihr „Fein" verpassen, auch wenn Ihr Hund nur ganz zufällig die Nase an die linke Hand hält. Die meisten Hunde brauchen nur wenige Wiederholungen, bis Ihre Nase immer zielstrebiger die leere Hand berührt, um sich anschließend die Belohnung aus der anderen Hand zu holen. Ihr Hund lernt bei dieser Übung, dass nicht immer der direkte Weg zum Ziel führt. Manchmal muss er andere Strategien ausprobieren, um das Ziel zu erreichen. Und Sie können Ihren Hund bei diesem spannenden Lernprozess beobachten.

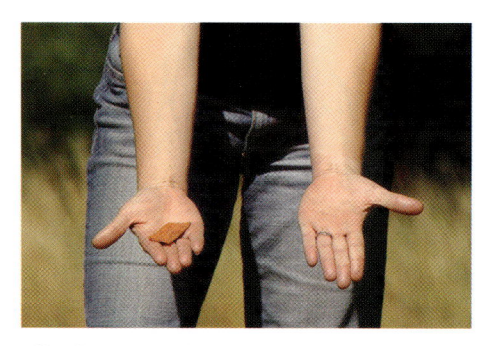

Alle Aktionen an der Hand mit dem Leckerchen bleiben erfolglos.

Strafe und Belohnung

Sie können das Verhalten Ihres Hundes beeinflussen, indem Sie erwünschtes Benehmen belohnen oder unerwünschtes ignorieren.

Strafe

Sie können ihm jedoch auch signalisieren, dass etwas Unangenehmes passiert, wenn er nicht das von Ihnen gewünschte Verhalten zeigt. Er wird für sein „Fehlverhalten" bestraft. Überlegen Sie sich zuvor genau, welchen Weg Sie bei der Ausbildung einschlagen: Soll Ihr Hund durch Angst und Schrecken lernen oder durch Freude und Vertrauen? Das klingt zwar sehr plakativ, verdeutlicht aber ganz gut, wie eine Lernsituation für Ihren Hund aussehen kann. Gerade ziehende Hunde werden häufig mit dem so genannten Leinenruck diszipliniert:

Der Hund wirft sich in die Leine, der Mensch zerrt in die entgegengesetzte Richtung. Die kurze schmerzhafte Einwirkung der Leine soll den Hund daran erinnern, langsam zu gehen. Die Botschaft an den Hund lautet also: „Wenn du nicht das machst, was ich will (langsam an lockerer Leine gehen), dann wird es unangenehm für dich." Meistens zieht der Hund erneut. Und sofort wird wieder am Hund herumgeruckt, diesmal noch stärker, aber genauso wenig effektiv wie beim letzten Mal.

Dass diese Methode nur sehr kurzfristig (wenn überhaupt) zum Erfolg führt, ändert leider nichts an ihrer hartnäckigen Verbreitung. Warum wird also so vehement an einer derart erfolglosen Strategie festgehalten? Auf diese Weise gestaltet sich der Spaziergang für Mensch und Hund gleichermaßen frustrierend.

Erst die Berührung der leeren Hand ...

... öffnet den Zugang zum Leckerchen!

14 Das Training richtig vorbereiten

Belohnung
Dabei gibt eine andere Möglichkeit: Statt darauf zu warten, dass der Hund ein unerwünschtes Verhalten zeigt und ihn dann zu bestrafen, können Sie ihn auch dafür belohnen, dass er etwas richtig macht! Dafür muss man also einen Moment abpassen, an dem die Leine – wenn auch zufällig – durchhängt und schon kann man ihn für das erwünschte Verhalten belohnen. Die Botschaft an den Hund lautet diesmal: „Wenn du tust, was ich will (langsam an lockerer Leine gehen), passiert dir etwas Nettes." Wenn die Belohnung dem Hund reizvoll genug erscheint, wird er das belohnte Verhalten von nun an öfter zeigen und weitere Gelegenheiten für Belohnungen bieten. Dieses System werden Sie später im Trainingsaufbau wiederfinden. Sehen wir uns die Grundlagen dieser Strategie genauer an:

Das Prinzip von Belohnung und Strafe basiert auf den vier Pfeilern der positiven und der negativen Verstärkung sowie der positiven und der negativen Strafe. Der Begriff „positiv" verleitet zu der Annahme, es müsse sich dabei um das „gute" System handeln, während der Begriff „negativ" als Synonym für das „schlechte" System gesehen werden mag. Das ist aber nicht richtig.

Positiv und negativ ist hier nicht wertend gemeint, sondern bezeichnet lediglich das Hinzufügen (Beginn) oder das Weglassen (Ende) von etwas.
Die Übersicht und die anschließenden Beispiele machen das Ganze noch ein wenig deutlicher:

Positive Verstärkung: Angenehmes beginnt +	**Positive Strafe:** Unangenehmes beginnt +
Negative Verstärkung: Unangenehmes endet –	**Negative Strafe:** Angenehmes endet –

Positive Verstärkung
Hinter dem Begriff verbirgt sich, dass Sie etwas hinzufügen, was Ihr Hund gerne haben möchte oder als angenehm empfindet, und so die Wahrscheinlichkeit erhöhen, dass er das in dem Moment ausgeführte Verhalten von nun an öfter zeigen wird.
Wenn Sie Ihrem Hund beispielsweise ein Leckerchen geben, weil er die Leine locker durchhängen lässt, dann arbeiten Sie mit positiver Verstärkung. Der Hund lernt, indem ein bestimmtes Verhalten belohnt wird. Es motiviert ihn dazu, dieses noch einmal oder ausdauernder zu zeigen.

Welche Art der Belohnung für unser Training am besten geeignet ist und wie Sie die richtige für Ihren Hund herausfinden, dazu kommen wir später.
Die positive Verstärkung ist die effektivste Lernmethode, weil sie den Hund zur konzentrierten, aktiven Mitarbeit motiviert und das Vertrauen zu seinem Menschen fördert, da er von diesem seine Belohnung erhält. Der Mensch tritt hier nämlich nicht als „Bestrafer" sondern als „Glücksspender" auf und schafft so eine angenehme und angstfreie Atmosphäre, in der der Hund gut lernen kann.

Lernen durch positive Verstärkung ist daher sehr viel stressfreier für Hund und Mensch; und dies ist ein weiterer Faktor, warum Übungen hier schneller und besser erlernt werden als mit anderen Methoden.
Darüber hinaus gibt es auch einen angenehmen psychologischen Effekt auf der menschlichen Seite: Der Mensch erlebt seinen Hund als erwartungsfrohen und motiviert mitarbeitenden Partner. Dadurch wächst auch das Vertrauen in den Hund und die Anspannung in brenzligen Situationen schwindet.

Für eine kleine Belohnung zwischendurch ...

... lohnt es sich, langsam zu gehen.

Negative Verstärkung

Mit negativer Verstärkung ist gemeint, den Hund für erwünschtes Verhalten zu belohnen, indem er von etwas für ihn Unangenehmen befreit wird. So soll die Wahrscheinlichkeit dafür erhöht werden, dass er das so belohnte Verhalten von nun an öfter zeigt.

Für einen Hund, dessen Leinenaggression in seiner großen Unsicherheit oder sogar Angst vor anderen Hunden resultiert, kann beispielsweise eine negative Verstärkung im Training sinnvoll eingesetzt werden. So kann er für ruhiges Verhalten belohnt werden, indem er aus der für ihn stressigen Situation herausgeführt wird, er dem anderen Hund also nicht weiter entgegengehen muss. In dieser Situation wird es der Hund durchaus als Belohnung empfinden, dem

Mit erwartungsvollem Blick in ein angstfreies Training: Dieser Hund freut sich auf die nächste Trainingseinheit!

Angst auslösenden anderen Vierbeiner nicht mehr frontal begegnen zu müssen. Die negative Verstärkung setzt natürlich immer voraus, dass der Hund zunächst etwas für ihn Unangenehmes erfährt.

Warum Hunde trotzdem ziehen

Nun liegt der Gedanke nahe, dass das beschriebene Prinzip doch eigentlich auch für das Ziehen gelten müsste: Das Ziehen verursacht einen unangenehmen Druck am Hals, dem der Hund entgehen kann, wenn er sein Tempo verlangsamt, – theoretisch zumindest. Allerdings arbeitet der Oppositionsreflex des Hundes dagegen. Er bewirkt, dass der Hund sich gegen den Widerstand stemmt, den der Leinenzug ausübt. Darüber hinaus hat sich der Hund im Verlauf seiner Karriere als Spezialist fürs Ziehen längst an die Einwirkung am Hals gewöhnt und nimmt sie zugunsten seines Vorwärtskommens in Kauf!

Positive Strafe

Der Begriff „positive Strafe" klingt – rein sprachlich gesehen – zunächst absurd, heißt jedoch lediglich, dass mit dem Hinzufügen von etwas Unangenehmen die Wahrscheinlichkeit für ein bestimmtes Verhalten verringert werden soll. Der Einsatz eines Stachelhalsbands ist ein Beispiel für die positive Strafe.

In dem Moment, in dem sich die Leine spannt, zieht sich das Stachelhalsband zusammen und bohrt die Metallhaken in den Hundehals, was dem Hund Schmerzen bereitet. Dem Hund soll vermittelt werden: „Wenn du in die Leine läufst, wird es sehr unangenehm für dich." Auch der bereits erwähnte Leinenruck ist ein Mittel der positiven Strafe. Mit der Zeit kann allerdings ein Gewöhnungseffekt eintreten und der Hund stumpft ab, sodass ihm der Ruck nichts mehr ausmacht. Die Reaktion darauf ist ein noch heftigerer Leinenruck oder eine zusätzliche verbale Schimpfattacke. Die Anspannung in so einer Situation ist sowohl für den Hund als auch für den Menschen enorm groß. Durch den Stress ist der Hund zunehmend unkonzentriert und macht dadurch nur noch mehr Fehler – die wiederum eine weitere Strafe nach sich ziehen. Ein für beide Seiten frustrierender Teufelskreis!

4 Gründe gegen den Leinenruck

1. Stellen Sie sich folgende Situation vor: Ihr Hund zieht Sie bei einem Spaziergang mal wieder kräftig durch die Gegend und Sie versuchen ihn durch einen heftigen Ruck an der Leine zu disziplinieren, während auf der anderen Straßenseite ebenfalls eine Person mit ihrem Hund unterwegs ist.

18 Das Training richtig vorbereiten

Ihr Hund hat vielleicht gerade zu dem anderen Vierbeiner hinübergesehen, während Sie ihn zurückreißen.
Ihr Hund bringt den plötzlichen Schmerz am Hals möglicherweise mit dem Erscheinen des anderen Hundes in Verbindung. Und um sich das nächste Mal zu schützen, fängt er an zu bellen und zu toben, um den anderen in die Flucht zu schlagen, bevor er wieder diesen schmerzhaften Ruck am Hals spürt – der natürlich auch prompt einsetzt. Wenn er die Aggression seines Menschen gegen sich (Leinenruck) aber nun mit dem Auftauchen eines Artgenossen in Verbindung bringt, dann festigt sich mit jedem Ruck sein neues Verhaltensmuster, nämlich bellen und toben, sobald ein anderer Hund in Sicht kommt.
Unter Umständen kann dies der Beginn einer schönen Leinenaggression werden: Ihr Hund zieht Sie nun nicht nur hinter sich her, sondern bricht bei jeder Hundebegegnung in helle Aufregung aus.
Solche Verknüpfungen müssen nicht zwangsläufig geschehen, aber sie können auftreten. Wie wir gesehen haben, findet der Vorgang „Lernen durch Assoziation" permanent im Hundekopf statt. Welche Verknüpfungen entstehen, sind jedoch nicht vorhersehbar.
Aus diesem Grund ist es besser, auf einen Leinenruck zu verzichten.

2. Der Leinenruck bietet noch einen weiteren Fallstrick: Gerade bei einem starken Leinenzieher kann ein Leinenruck das genaue Gegenteil von dem beabsichtigten Verhalten bewirken: Wenn Sie einen stark ziehenden Hund durch einen Leinenruck disziplinieren wollen, dann müssen Sie die Leine zunächst lockern, um sie anschließend fest an sich zu reißen.
Ihr Hund spürt also vor dem Ruck eine Entspannung in Halsband und Leine und verknüpft möglicherweise die Erleichterung am Hals durch die kurzfristig lockere Leine mit dem folgenden Leinenruck. Folglich wird er sich bemühen, die Leine immer schön auf Spannung zu halten, damit bloß nicht wieder an ihm herumgezogen wird.

3. Speziell beim Training gegen die Leinenaggression gibt es noch einen Nachteil bei der Anwendung von positiver Strafe. Stellen Sie sich vor, Ihr Hund verliert beim Anblick eines anderen Vierbeiners die Fassung. Sie schimpfen und reißen an der Leine, um ihn wieder einigermaßen unter Kontrolle zu bringen. Ein solches Verhalten Ihrerseits ließe sich durchaus als aggressiv beschreiben. Nun besteht die Gefahr, dass Ihr Hund die gegen ihn gerichtete Aggression mit ebenfalls aggressivem Verhalten

beantwortet. Statt sich zu beruhigen, verschärft sich nun die Situation. Doch beim Abbau einer Leinenaggression wollen wir gerade das verhindern!

4. Und als würde all dies noch nicht genügen, gibt es noch ein weiteres Problem bei der Anwendung von „positiver Strafe", die sich im allgemeinen Verständnis hinter dem Begriff ‚Strafe' verbirgt. Damit sie wirkungsvoll eingesetzt werden kann, müsste die Strafe immer, sofort und heftig erfolgen. Kaum jemandem wird es gelingen, alle drei Kriterien stets zu erfüllen. Doch selbst wenn es Ihnen gelingen sollte, würden Sie damit langfristig einen gravierenden Vertrauensverlust Ihres Hundes riskieren.
Denn der Einsatz von Strafe kann einige unerwünschte Nebenwirkungen hervorrufen.
Zunächst einmal kann beim Hund Stress ausgelöst werden, wenn er bestraft wird. Unter Stress ist effektives Lernen jedoch kaum möglich. Die Bestrafung liefert ihm zwar die Information, dass sein augenblickliches Verhalten offensichtlich unerwünscht ist, doch es bietet ihm keine Handlungsalternative, die ihm mitteilt, was das richtige, erwünschte Verhalten gewesen wäre. Hunde, die in erster Linie über Bestrafung von unerwünschtem Verhalten erzogen werden, trauen sich häufig gar nicht mehr, sich aktiv zu beteiligen und Verhaltensalternativen anzubieten. Bevor sie etwas Falsches tun, machen sie lieber gar nichts! Passivität, Ängstlichkeit und Unsicherheit können die Folge sein. Und das ist doch wirklich kein solides Fundament für eine harmonische Mensch-Hund-Beziehung, oder?

Ein Leinenruck hilft hier nicht weiter!

Negative Strafe

Der Einsatz von negativer Strafe bedeutet das Verwehren oder Entziehen von etwas, das Ihr Hund als angenehm empfindet (Futter, Lob), um die Wahrscheinlichkeit für ein bestimmtes Verhalten zu verringern. Erzielt er mit seinem Verhalten nicht die gewünschte Reaktion, wird er es in Zukunft seltener zeigen.

Wenn Sie beispielsweise den Hund im Leinentraining für eine locker durchhängende Leine mit Leckerchen belohnen, die er sehr schnell hintereinander erhält, dann wäre es für einen stark auf Futter fixierten Hund eine negative Strafe, den weiteren Keksnachschub zu verweigern, weil er in einen schnelleren Schritt verfällt. Der ausbleibende Nachschub soll ihn dazu motivieren, wieder langsamer zu gehen und sich an seinem Menschen zu orientieren, damit die Unterbrechung wieder aufgehoben wird.

Fließende Übergänge

Wir werden für unser Training vor allem das System der operanten Konditionierung in Verbindung mit im Wesentlichen positiver Verstärkung nutzen, indem wir erwünschtes Verhalten des Hundes belohnen und den Erfolg von unerwünschtem Verhalten verhindern.
Ich schreibe bewusst „im Wesentlichen", weil die Grenzen in diesem System oft fließend sind: Wenn ich beispielsweise meinen Hund in sehr kurzen Abständen belohne, weil er locker neben mir hertrabt, dann ist das positive Verstärkung. Ein paar Sekunden später ist er vielleicht unaufmerksam und wird schneller. In diesem Moment höre ich natürlich sofort auf, ihn zu belohnen, und gehe so automatisch zur negativen Strafe über.

„Wo bleibt mein Leckerchen?"

Wie Hunde lernen

Es ist gar nicht so schwer

Wenn Sie die vielen Begrifflichkeiten etwas verwirrend finden sollten, ist das nicht so schlimm: Das Ganze klingt wesentlich komplizierter, als es tatsächlich ist – und für unser Training müssen Sie sich dieses Schema ohnehin nicht ständig vor Augen führen. Sie sollten sich jedoch die grundlegenden Zusammenhänge merken:

Belohnen Sie Ihren Hund, wenn er an lockerer Leine neben Ihnen hergeht.

Wenn nach der operanten Konditionierung gelernt wird, findet automatisch die klassische Konditionierung statt, da Ihr Hund immer eine Assoziation herstellt. Wenn Sie also häufig mit Strafen arbeiten, dann assoziiert Ihr Hund diese für ihn unangenehmen Erlebnisse schließlich auch mit Ihnen. Dagegen werden im Umkehrschluss die angenehmen Empfindungen ebenfalls mit Ihnen verbunden und wirken sich bindungsfördernd auf Ihre Beziehung aus. Ihr Hund braucht Sie als verlässlichen Partner, nicht als strafende Instanz. Schaffen Sie eine angstfreie Atmosphäre und nutzen Sie die erhöhte Lernbereitschaft und Aufmerksamkeit Ihres Hundes, indem Sie erwünschtes Verhalten belohnen. So fördern Sie nicht nur sein Vertrauen und seine Bindung zu Ihnen, Sie erzielen damit auch den größten Erfolg!

Wenn Sie also das nächste Mal verzweifeln, weil Ihr Hund einfach „nicht begreifen will", was Sie von ihm wollen, dann regen Sie sich nicht darüber auf. Denken Sie stattdessen daran, wie Sie ihm helfen können: Schaffen Sie Situationen, in denen er eine Chance hat, etwas richtig zu machen, und zeigen Sie ihm durch eine Belohnung, dass er auf dem richtigen Weg ist. So macht das Lernen Ihnen beiden noch mehr Spaß.

Methoden, die helfen

Ich möchte Ihnen drei Methoden vorstellen, die unbedingt in die Trainingswerkzeugkiste zur Verhaltenskorrektur gehören. Diese Methoden greifen ineinander und es ist wichtig, bei allen dreien behutsam und wohlüberlegt vorzugehen. Beschrieben werden die klassische und die operante Gegenkonditionierung sowie die Desensibilisierung.

Klassische Gegenkonditionierung

Hier wird eine bestehende Assoziation durch eine neue ersetzt. Bezogen auf eine Verbesserung der Leinenführigkeit soll hier eine andere Assoziation bei Ihrem Hund etabliert werden. Die alte Verknüpfung „Leine = losstürmen" wird durch „Leine = aufmerksam und langsam gehen" ersetzt.

Bezogen auf den Abbau einer Leinenaggression werden wir die bisher gültige Verknüpfung („Begegnung mit einem fremden Hund an der Leine = extreme Aufregung") durch eine neue ersetzen. Zu Beginn des Trainings werden Sie lernen, Ihrem Vierbeiner im richtigen Moment etwas besonders Gutes zukommen zu lassen. Damit verändern Sie gleichzeitig seine Assoziation, wenn er einen anderen Hund erblickt (Begegnung mit einem fremden Hund an der Leine = Leckerchen), und das ist eines unserer Ziele.

Der richtige Moment ist dabei von zentraler Bedeutung! Denn um die gewünschte Verknüpfung zu erzielen, ist es absolut notwendig, dem Hund die Belohnung zu geben, nachdem er das fremde Tier gesehen, aber bevor er mit Bellen oder Toben reagiert.

Erhält er das Leckerchen erst, nachdem er bereits heftig auf den Hund reagiert, würde er die köstlichen Häppchen als Belohnung für seine Reaktion begreifen und sich womöglich noch exzessiver produzieren. Erhält er es zu früh, also bevor er den anderen Hund zur Kenntnis genommen hat, wird er lediglich abgelenkt. Der gewünschte Lerneffekt tritt jedoch nicht ein. Der richtige Zeitpunkt liegt genau dazwischen: Ihr Hund hat den anderen bereits wahrgenommen, ist aber noch nicht in sein übliches Verhaltensmuster ausgebrochen.

Operante Gegenkonditionierung

Bei der operanten Gegenkonditionierung lernt der Hund ein Ersatzverhalten, das mit dem unerwünschten Benehmen nicht vereinbar ist, da es nicht gleichzeitig stattfinden kann.

Betrachten wir es am Beispiel der Leinenführigkeit: Ihr Hund soll lernen, im moderaten Tempo neben ihnen herzutrotten. Dabei kann er nicht gleichzeitig ziehen.

Wir werden also nicht nur daran arbeiten, das Ziehen zu verhindern, sondern das langsame Gehen zu etablieren, indem wir ihn sehr gezielt darin bestärken und fördern.

Bezüglich der Leinenaggression werden wir darauf hinarbeiten, dass der Hund Sie ansieht, wenn sich ein Artgenosse nähert, indem er für den Blickkontakt in Verbindung mit ruhigem Verhalten eine Belohnung erhält. Für besondere Situationen können Sie auch einführen, dass Ihr Hund sich hinsetzen soll, um einen anderen vorbeigehen zu lassen. Beide Varianten machen es Ihrem Hund unmöglich, gleichzeitig zu randalieren, und bilden so sehr gute Verhaltensalternativen.

Hier wird mit verschiedenen Strategien gearbeitet, um die Hunde aneinander vorbeizuführen.

Desensibilisierung

Beim Abbau der Leinenaggression werden wir uns das Prinzip der Desensibilisierung zunutze machen.

Da Ihr Hund sehr stark auf den Anblick anderer Vierbeiner reagiert, werden wir im Training viel Wert auf eine langsame Annäherung legen. Wir werden zunächst in sehr großer Entfernung zu anderen Hunden beginnen und den Abstand langsam mit fortschreitendem Aufbau verringern.

Eine Desensibilisierung läuft eigentlich immer mit der klassischen Gegenkonditionierung ab, weil dabei stets auch eine Assoziation durch eine andere ersetzt wird. Es handelt sich um eine Form der Gewöhnung durch eine sehr behutsame Annäherung an den Reiz, der bei einem Hund eine starke Reaktion auslöst. Der Hund wird dabei mit einem bestimmten Reiz konfrontiert – aber nur bis zu dem Punkt, den er noch gut ertragen kann, ohne in Stress zu geraten, also bis kurz vor dem Ausbruch einer heftigen Reaktion. Er muss also noch ansprechbar sein und darf noch nicht in seinem reaktiven Verhalten „gefangen" sein.

Kurz bevor die Grenze überschritten wird und der Hund reagiert, wird die Szene entspannt, indem der Hund entweder aus der Situation genommen oder der Reiz entfernt wird. Durch entsprechende Wiederholungen erhöht sich die Reizschwelle nach und nach, und der Hund kann dem entsprechenden Reiz länger ausgesetzt werden beziehungsweise eine geringere Entfernung ertragen und trotzdem ruhig bleiben.

Ein wenig Fingerspitzengefühl

Bei der Desensibilisierung ist ein wenig Fingerspitzengefühl gefragt. Man muss seinen Hund gut einschätzen können, um den Scheitelpunkt seiner individuellen Stresskurve nicht zu überschreiten. Das hätte zur Folge, dass er bei Überschreitung seiner persönlichen Toleranzgrenze sofort wieder in das alte Verhaltensmuster zurückfallen und wieder auf die gleiche Weise reagieren würde wie vor dem Training.

Die Macht der Gewohnheit

Wir alle kennen sie und unterliegen ihr: die Macht der Gewohnheit! Wenn sich ein bestimmter Ablauf erst in unser Gehirn gebrannt hat, ist es schwer, sich in gleicher Situation anders zu verhalten als bisher.

Diese automatisierten Verhaltensmuster sind für unseren Alltag durchaus hilfreich, denn sie sorgen dafür, dass wir viele Dinge „nebenbei" erledigen kön-

Methoden, die helfen

nen, ohne lange nachdenken zu müssen, was wir eigentlich tun. So können wir zum Beispiel, nach ein paar anfänglichen Unsicherheiten, ganz entspannt Auto fahren, ohne einen bewussten Gedanken daran zu verschwenden, welche Funktionen wir mit den Händen und Füßen ausführen, um vorwärts zu kommen. Dadurch wird es uns möglich, uns gleichzeitig auf Ampeln, Wege und andere Verkehrsteilnehmer zu konzentrieren.

Unerwünschte Verhaltensmuster

Leider sind nicht alle Verhaltensmuster so hilfreich, und manche unerwünschte Reaktion würden wir lieber ablegen. Haben Sie sich auch schon mal vorgenommen, sich in bestimmten Situationen nicht mehr so leicht aufzuregen und das nächste Mal gelassener zu reagieren? Dann kennen Sie vielleicht auch den Ärger über sich selbst, wenn es wieder nicht geklappt hat und man sich selbst ermahnt: „Eigentlich wollte ich mich doch gar nicht mehr aufregen. Beim nächsten Mal reagiere ich anders!" Meistens sind mehrere Wiederholungen nötig, bis es uns gelingt, den Vorsatz umzusetzen. Und es fällt uns leichter, wenn uns ein Alternativverhalten zur Verfügung steht, zum Beispiel bis zehn zählen.

Hilfsmittel wie das Kopfhalfter können das Training wirkungsvoll unterstützen.

> **Tipp**
>
> **Lassen Sie sich Zeit**
> Solche Verhaltensänderungen fallen uns unglaublich schwer – und das, obwohl wir es besser wissen müssten und uns zahlreiche gute Gründe dafür einfallen!
> Es ist also kein Wunder, wenn wir bei unseren Hunden noch mehr Geduld aufbringen müssen als bei uns selbst! Schließlich können wir ihnen nicht erklären, warum sie sich bei Hundebegegnungen und an der Leine plötzlich anders verhalten sollen als bisher.

versuchen wir die Strategien, die aus Hundesicht jahrelang gut funktioniert haben, durch eine andere zu ersetzen. Indem der Hund eine neue Reaktion (das erwünschte Alternativverhalten) lernt, wird auch eine neue Verbindung zwischen den Gehirnzellen gebildet. So bestehen schließlich zwei Wege für den gleichen Reiz. Der eine Weg wurde lange etabliert (pöbeln; an der Leine ziehen) und ist komfortabel ausgestaltet, der andere (das ruhige Alternativverhalten) noch nicht. Es ist klar, dass der Reiz, der als elektrischer Impuls weitergeleitet

Verankerte Verhaltensweisen ändern

Ein einmal erlerntes und verankertes Verhalten zu verändern fällt also nicht nur uns sehr schwer, sondern auch unseren Hunden. Verantwortlich dafür sind die Verbindungen, die den Transport von Reizen und Informationen zwischen den einzelnen Gehirnzellen sicherstellen. Jeder Lernvorgang erhält eine eigene Verbindung. Und diese Verbindungen arbeiten umso effektiver, je häufiger sie genutzt werden. Eine oft genutzte Verbindung kann die Reize also schneller weiterleiten und damit auch für eine schnellere Reaktion sorgen. So wird ein bestimmtes Verhalten „eingeübt". Wenn wir nun mit unseren Hunden an einer Verhaltenskorrektur arbeiten, dann

Beim Lernen entstehen zwischen seinen Gehirnzellen neue Verbindungen.

wird, sich für den besser ausgebauten und damit schnelleren Weg entscheidet! Der neu angelegte Weg, der zum Alternativverhalten führt, muss dagegen erst gefestigt und ausgebaut werden. Nur so kann das erwünschte Alternativverhalten langfristig zu einer automatisierten Reaktion auf einen bestimmten Reiz werden. Und bis es so weit ist, sorgen wir durch eine möglichst gute Reizkontrolle dafür, dass das alte Verhaltensmuster nicht noch weiter gefestigt wird.

Langsam heranführen
Gerade bei der Arbeit gegen Leinenaggression werden wir dieser Problematik Rechnung tragen, indem wir mit unterschiedlichen Abständen arbeiten:

Wenn für Hundebegegnungen ein erfolgreiches Alternativverhalten verankert werden soll, müssen Sie unbedingt in einem Abstand arbeiten, in dem Ihr Hund den anderen zwar schon gesehen, aber noch nicht sein volles Programm abgespielt hat. Wenn sich Ihr Hund im richtigen Abstand zu seinem Artgenossen befindet, kann es Ihnen gelingen, an dem erwünschten Alternativverhalten zu arbeiten, bevor der Reiz seinen altbekannten Weg im Hundegehirn einschlägt und die gleiche alte Reaktion auslöst. Ein guter Indikator für den richtigen Abstand ist es, wenn Ihr Hund die Leckerchen noch sanft annehmen kann (und nicht wie eine Schnappschildkröte zuschnappt).

Zusammenfassung
- Lernen durch positive Verstärkung ist am effektivsten und fördert zudem die Bindung und das Vertrauen zwischen Mensch und Hund.
- Zwang und Strafen bergen unerwünschte Nebenwirkungen, die sich negativ auf die Mensch-Hund-Beziehung auswirken.
- Wiederholt wird, was Erfolg hat.
- Beim Lernen findet immer eine Verknüpfung statt. Sorgen Sie dafür, dass Ihr Hund das Training als angenehm empfindet, denn so stärken Sie gleichzeitig das Vertrauen in Sie.
- Ihr Hund lernt ständig durch Assoziationen, und es liegt an Ihnen, dies in Ihrem Sinne zu beeinflussen!
- Eine fundierte Verhaltenskorrektur wird am nachhaltigsten durch eine Desensibilisierung bei gleichzeitiger Verankerung eines Alternativverhaltens erzielt! Dabei finden neue Verknüpfungen statt.
- Umlernen ist schwerer als neu lernen – auch für Hunde.

Mit Belohnung motivieren

Sie haben zwar kein Ass im Ärmel, doch dafür eine tolle Belohnung in der Tasche. Die richtige Belohnung motiviert Ihren Hund und ist der Schlüssel für ein erfolgreiches Training.

Alles, was angenehm ist

Die Belohnung wird im allgemeinen Sprachgebrauch oft mit Futter gleichgesetzt. Grundsätzlich gibt es noch eine ganze Reihe anderer Möglichkeiten, um einen Hund zu belohnen. So gesehen signalisiert der Begriff „positive Verstärkung" eine größere Neutralität. Gemeint ist aber das Gleiche, nämlich alles, was der Hund als angenehm empfindet und was ihn zur Wiederholung des belohnten Verhaltens veranlasst, ihn also in seinem Verhalten bestärkt. Neben Futter kann auch Spielen eine geeignete Belohnung sein, ebenso ein überschwängliches verbales Lob oder eine körperliche Berührung, zum Beispiel Streicheln. Wichtig ist, dass der Hund die Belohnung auch als solche empfindet. Sie können Ihren Hund auch dadurch belohnen, indem Sie ihm den Zugang zu etwas Erstrebenswerten gestatten, nachdem er ein bestimmtes Verhalten gezeigt hat. Nehmen Sie einfach die Reize der Umgebung in Ihr Belohnungsrepertoire auf, indem er beispielsweise nach einer erfolgreichen Übung zu seinen Hundefreunden darf. Was die Bereitschaft zur Mitarbeit erhöht, ist von seinen persönlichen Vorlieben abhängig und damit nicht nur individuell sehr unterschiedlich, sondern auch auf die jeweilige Situation bezogen.

Belohnung hat viele Gesichter: Sie kann aus Futter, Spielzeug oder Streicheln bestehen.

Welche Belohnung ist die richtige?

Welche Belohnung die richtige ist, weiß Ihr Hund am besten, also fragen Sie ihn doch einfach – er ist ein absoluter Belohnungsexperte!

Bieten Sie ihm verschiedene Dinge an und schauen Sie, was ihn am meisten beeindruckt. Probieren Sie die einzelnen Belohnungen unbedingt in unterschiedlichen Situationen aus und beobachten Sie seine Reaktion. Ihr Hund sollte die Belohnung so attraktiv finden, dass er nach Möglichkeit alles andere dafür stehen lässt, denn dann wird er auch einige Anstrengungen unternehmen, um sie zu ergattern. Mit der geeigneten Belohnung können Sie die Arbeits- und Lernbereitschaft Ihres Hundes enorm steigern.

Auf die Umgebung kommt es an

Die Umgebung ist ein wichtiges Kriterium, die Sie bei der Auswahl der richtigen Belohnung beachten sollten. Denn was ihm in der einen Situation überaus attraktiv erscheint, kann ihn in einer anderen völlig kalt lassen. Damit eine Belohnung den gewünschten Erfolg hat, muss sie nämlich auch den Ablenkungen des Ortes, an dem Sie trainieren, standhalten. Die Motivation, die Belohnung zu erhalten, muss also größer sein als die Konkurrenzmotivation, die ihm die Umgebung bietet. – Sie können sich auch kurzerhand die begehrten Ablenkungen der Umgebung zunutze machen! Belohnen Sie Ihren Hund hin und wieder durch eine Freigabe.

Beispiel: Verlockende Hundefreunde

Vielleicht kennen Sie das: Ihr Hund lässt sich zu Hause wunderbar mit einem Lob motivieren, doch unterwegs gewinnen Sie mit dem gleichen Lob keinen Blumentopf. Hier ist die Ablenkung größer, und er will vielleicht lieber stöbern gehen oder mit seinen Hundefreunden spielen. Anstatt sich auf die Übungen zu konzentrieren, starrt er sehnsüchtig zu den anderen. Das ist jetzt der richtige Zeitpunkt, um ihn mit den Verlockungen der Umgebung zu belohnen. „Du willst spielen gehen? Nun, du kannst spielen gehen – wenn du vorher diese kleine Übung mit mir machst!"

Wenn Sie dies ein paarmal durchgeführt haben und ihr Vierbeiner weiß, dass seine Belohnung für die Trainingseinheit das Spiel mit seinen Hundefreunden ist, haben Sie einen hochkonzentrierten und motivierten Hund. Achten Sie darauf, was er in der jeweiligen Trainingssituation am meisten will, und passen Sie Ihre Belohnung nach Möglichkeit den Wünschen Ihres Hundes an.

Begehren wecken

Entscheidend für den Erfolg einer Belohnung ist häufig auch, wie oft Ihr Hund Zugang zu dem begehrten Objekt oder der begehrten Aktion hat. Handelt es

Es muss nicht immer ein Leckerchen sein.

Buster befolgt das Signal für „Sitz" ...

sich um ein eher seltenes Vergnügen, ist es oft wesentlich reizvoller als ständig verfügbare Selbstverständlichkeiten. Ein verbales Lob ist vermutlich keine Sensation für ihn, schließlich reden Sie den ganzen Tag mit ihm, aber was ist mit gekochtem Fleisch, Käse oder einem Stück Hundewurst? Das beeindruckt ihn sicher viel mehr!

Auch ein bestimmtes Lieblingsspielzeug, das in der Regel unter Verschluss ist und nur zu einzelnen Trainingsabschnitten hervorgeholt wird, hat einen größeren Effekt als der stets zur Verfügung stehende Ball. Manche Hunde sind sehr spielbegeistert und lassen sich gut über ein Spiel motivieren, andere sind dagegen eher futterorientiert. Probieren Sie verschiedene Varianten aus, bevor Sie sich festlegen.

Angemessen belohnen

Des Weiteren sollte die Belohnung der Trainingssituation angemessen sein, in der sie verwendet wird. Wenn Sie eine ruhigere Übung machen, sind wilde Spiele nicht so gut geeignet, weil sie Aufregung und Unruhe in die Situation bringen. Legen Sie das aufregende Spiel einfach ans Ende der Trainingseinheit und greifen Sie während der Übung zu einer weniger aufreibenden Belohnung.

... und darf als Belohnung loslaufen, ...

... um einen anderen Hund zu begrüßen.

Das Training richtig vorbereiten

Bei unserem Training werden wir in erster Linie mit Futterbelohnung arbeiten, weil sie am einfachsten und am praktikabelsten ist.

Beim Anti-Zieh-Training machen wir uns auch die Anreize der Umgebung sowie den Vorwärtsdrang des Hundes zunutze. Ihr Hund wird zunächst lernen, dass er sein Ziel, weiter zu gehen oder an einem Strauch zu schnuppern, erreichen kann – aber nur, wenn er sich langsam an einer locker durchhängenden Leine bewegt! Und: Für das langsame Gehen gibt es auch noch eine gute Belohnung obendrein!

So steigern Sie nicht nur die Atraktivität des langsamen Gehens, sondern lenken auch seine Aufmerksamkeit auf sich.

Übung: Der Leckerchen-Test

Wenn Sie sich nicht sicher sind, welche Belohnungen Ihr Hund favorisiert, sollten Sie verschiedene Leckerchen testen: Nehmen Sie in jede Hand eine andere Futterbelohnung und bieten Sie sie Ihrem Hund an. Auf welche stürzt er sich zuerst? Diese steht auf jeden Fall höher im Kurs. Ihnen fallen noch mehr Belohnungen ein? Umso besser! Ergänzen und verändern Sie die Liste mit den persönlichen Highlights Ihres Hundes.

Denken Sie auch über andere Belohnungsmöglichkeiten nach. Liebt Ihr Hund ein bestimmtes Spielzeug? Rennt Ihr Hund gern ein Stückchen mit Ihnen? Es spielt auch eine Rolle, wie Sie das Leckerchen übergeben:

Die 5 Belohnungsfavoriten Ihres Hundes

Erstellen Sie eine persönliche Hitliste für Ihren Hund. Sie sollten auf mindestens fünf verschiedene Futterbelohnungen kommen, da sie eine zentrale Bedeutung für das Training haben.

1) _____
2) _____
3) _____
4) _____
5) _____

Mit Belohnung motivieren

Was magst du lieber? Den Keks oder das Würstchen?

Ben muss nicht lange überlegen, wofür er sich entscheidet!

Vielleicht fängt er das Leckerchen lieber aus der Luft, als es einfach nur gereicht zu bekommen? Oder jagt er begeistert seiner Belohnung hinterher, wenn sie über den Boden gerollt wird?
Notieren Sie sich auch, wie Ihr Hund in unterschiedlichen Umgebungen auf die gleiche Belohnung reagiert. Stellen Sie sich immer die Frage: WO will er WAS am liebsten?
Beobachten Sie ihn in unterschiedlichen Situationen und Umgebungen und saugen Sie die Informationen auf, die er Ihnen liefert.

Der richtige Zeitpunkt

Die Belohnung sollte erfolgen, **nachdem** das erwünschte Verhalten gezeigt wurde, das Sie verstärken wollen. Dazu gehört auch, dass Sie die Belohnung nicht schon vorher aus der Tasche holen. Wenn Sie ihm den Keks erst zeigen und er daraufhin das gewünschte Verhalten ausführt, handelt es sich nicht mehr um eine Belohnung, sondern um ein Locken. Dieser Unterschied ist ganz entscheidend für den Lernprozess, den wir in Gang setzen wollen.
In schwierigen Trainingssituationen kann auch ein Locken in Ordnung sein – allerdings sollte man höchstens zu Beginn einer Übung darauf zurückgreifen, um dem Hund ein wenig auf die Sprünge zu helfen und ihn auf die richtige Spur zu bringen. Die Belohnung muss also genau zum richtigen Zeitpunkt gegeben werden, damit sie die gewünschte Wirkung hat und dem Hund signalisiert, dass das gerade ausgeführte Verhalten richtig und belohnenswert ist.

Eine bestimmte Form der Übergabe kann die Attraktivität der Belohnung steigern.

Überbrückungswort einführen

Wenn Sie Ihren Hund zum Beispiel belohnen wollen, weil er den anderen Hund noch nicht anpöbelt, müssen Sie das Leckerchen reichen, bevor er loslegt. Ansonsten würde er die Belohnung mit seiner Randale in Verbindung bringen und nicht mit seinem zuvor entspannten Verhalten. Manchmal ist es gar nicht so einfach, den richtigen Zeitpunkt zu erwischen. Bis Sie zum Leckerchen gegriffen, es aus der Tasche gezogen und dem Hund überreicht haben, verhält er sich vielleicht schon wieder anders. Dann hätten Sie nicht sein ruhiges Verhalten belohnt, sondern sein unruhiges Gezappel oder sein Bellen.

Aus diesem Dilemma kommen Sie heraus, wenn Sie ein „Überbrückungswort" etablieren. Dieses Wort – in unserem Training „Fein" – kündigt die Belohnung an und bildet eine Brücke zwischen dem Verhalten, das belohnt werden soll, und der eigentlichen Belohnung. Wenn Sie ein solches Wort einführen, können Sie schneller und gezielter reagieren und somit eher den richtigen Zeitpunkt erwischen.

Sie können auch ein akustisches Hilfsmittel, wie beispielsweise den Clicker verwenden, der im Kapitel Seite 48/49 näher beschrieben wird.

Belohnen oder bestechen?

„Mein Hund soll doch nicht auf mich hören, weil ich ihn besteche!" Solche empörten Äußerungen höre ich zu Beginn des Trainings recht häufig, wenn wir zur Einführung der Belohung kommen. Es gibt jedoch einen entscheidenden Unterschied zwischen einer Bestechung und einer Belohnung: Bei der Bestechung zeige ich meinem Hund die Belohnung, bevor er das gewünschte Verhalten ausführt, und stelle ihm den Leckerbissen in Aussicht. Die Belohnung bleibt dagegen so lange in der Tasche, bis ein bestimmtes Verhalten gezeigt wurde, und kommt erst dann zum Vorschein. Für eine Belohnung zu arbeiten, ist absolut nichts Ehrenrühriges, und spätestens nachdem die Leute sehen, wie eifrig ihr Hund bei der Sache ist, sind die Bedenken zerstreut – zumindest bei den meisten.

Mit Belohnung motivieren 35

Bei der Bestechung kommt das Leckerchen von Anfang an zum Einsatz.

Der Hund konzentriert sich hier vermutlich stärker auf das Leckerchen als auf die Übung.

Bei der Belohnung wird zuerst die Übung absolviert ...

... bevor das Leckerchen zum Vorschein kommt und verfüttert wird.

Ein Belohnungssystem aufbauen

Damit wir nicht immer mit einem Sack Leckerchen durch die Gegend laufen müssen, bauen wir ein Belohnungssystem auf. Ziel ist es, die Belohnung so weit „auszuschleichen", dass der Hund nur noch ab und zu etwas erhält. Es handelt sich nicht um ein starres System mit festen zeitlichen Vorgaben, sondern um eine dynamische Entwicklung, die individuell an die Persönlichkeit und den Trainingsstand des Hundes angepasst wird.

Wie das Belohnungssystem in der Praxis funktioniert, werden wir später beim Trainingsaufbau zur Leinenführigkeit und zur Leinenaggression sehen. Auch hier möchte ich zuerst einmal die Grundlagen erklären.

Belohnung einführen

Zunächst wird die Belohnung eingeführt, das heißt, Ihr Hund wird schon für kleinste Ansätze belohnt, auch wenn sie am Anfang nur grob in die richtige Richtung des eigentlich gewünschten Verhaltens weisen. Die zeitlichen Abstände zwischen den einzelnen Belohnungen sind dabei extrem gering. Passen Sie auf, dass Ihnen erste Schritte nicht entgehen, auch wenn das Verhalten noch weit vom eigentlich Gewünschten entfernt scheint.

Standards setzen

Dann etablieren Sie die Belohnung für die Dauer des Trainings, wobei Sie jeden sicheren Fortschritt zum neuen Standard erheben. Ab jetzt erhält Ihr Hund die Belohnung nur noch für Verhalten, das diesem neuen Standard entspricht.

Damit die Belohnung nicht zur Selbstverständlichkeit wird, kommt ein „Zufallsgenerator" ins Spiel.

Mit Belohnung motivieren

Ein neuer Standard kann beispielsweise bedeuten, dass ein bestimmtes Verhalten über einen längeren Zeitraum gefordert wird. Wenn Sie ihn bisher alle fünf Schritte belohnt haben, weil er ruhig neben Ihnen hergelaufen ist, wird die Anforderung gesteigert: Beim nächsten Mal erhält er vielleicht erst nach dem siebten Schritt die Belohnung. Ab sofort werden kürzere Intervalle nicht mehr belohnt. So werden die zeitlichen Abstände zwischen den einzelnen Belohnungen kontinuierlich vergrößert. Das gewünschte Verhalten wird nun etwas länger von Ihrem Hund gefordert. Wird Ihr Hund bei der gezeigten Übung zunehmend sicherer, werden die Belohnungen immer gezielter ausgeteilt.

Attraktivität der Leckerchen

Eine weitere Veränderung im Belohnungssystem kann die Attraktivität der Leckerchen sein. Während zu Beginn des Trainings und bei schwierigen Übungen besonders begehrenswerte Leckerchen benutzt werden, kann man mit zunehmender Sicherheit auf Leckerchen zurückgreifen, die nicht mehr so außergewöhnlich sind, vom Hund aber noch als Belohnung angesehen werden. Erst bei steigender Anforderung wird wieder auf die attraktivere Variante zurückgegriffen, um die Motivation zu fördern.

> **Tipp** **Die tollsten Belohnungen**
> Gerade zu Beginn einer neuen Übung sollte die Qualität der Belohnung sehr hoch sein! Grundsätzlich gilt: Je schwieriger die Anforderung ist, umso attraktiver sollte die Belohnung ausfallen. Schließlich muss sich seine Mühe auch lohnen.

Die Belohnung wird abgebaut

Ist das Trainingsziel erreicht und – in unserem Fall – das Alternativverhalten verankert, wird die Belohnung nach und nach abgebaut. In dieser Phase sollten Sie unbedingt darauf achten, dass Sie nicht zu schnell vorgehen, damit bei Ihrem schlauen Vierbeiner nicht der Eindruck entsteht, die Mühe lohne sich nicht mehr.
Wenn er zu diesem Schluss kommen würde, hätte das falsche Auswirkungen auf das Training und die bereits erreichten Ziele wären ernsthaft in Gefahr. Stellen Sie die Belohnung also nicht zu füh ein.
Das Ausschleichen der Belohnung sollte auch keinem bestimmten Schema unterliegen. Stellen Sie sich eher einen Zufallsgenerator vor, der ganz willkürlich entscheidet, wann welche Belohnung ausgeschüttet wird: Eine Zufallsbelohnung nach dem Glücksspielprinzip!

Das Glücksspielprinzip

Die meisten Menschen lieben Glücksspiele: Jede Woche füllen Tausende hoffnungsvoll einen neuen Lottoschein aus. Sie tun das, weil sie fasziniert von der Möglichkeit sind, etwas zu gewinnen! Die Chance auf einen Gewinn besteht immer, aber keiner weiß, ob, wann und wie viel er gewinnen wird. Das macht die Sache umso spannender und ist gleichzeitig der Grund dafür, warum viele Menschen so hartnäckig einen Geldschein nach dem anderen einsetzen. Für Ihren Hund gilt das gleiche Prinzip: Die Zufallsbelohnung funktioniert deswegen so gut, weil Ihr Hund sich fortan immer anstrengen wird, da er nie weiß, wann es sich besonders lohnt. Wenn Sie dagegen nach einem bestimmten Schema belohnen, ist Ihr Hund der Erste, der das mitbekommt. Wenn er nach jeder dritten Übung einen Keks erhält, wird er nur noch jede dritte Übung besonders exakt ausführen und die ersten beiden eher nachlässig abreißen. Setzen Sie die Belohnung jedoch nicht nach einem bestimmten Muster, sondern nach dem Zufallsprinzip ein, ist es für Ihren Hund nicht ersichtlich, wann er sich seinen nächsten Keks verdient. Es lohnt sich also immer, sich anzustrengen, da praktisch jederzeit eine Belohnung erfolgen kann.

> **Tipp — Zeit und Lust?**
> Gerade für unser Training ist es wichtig, ernsthaft, langfristig und konsequent zu arbeiten. Wenn Sie wissen, dass Sie keine Zeit oder keine Lust zum Üben haben, fangen Sie gar nicht erst an. Möglicherweise haben Sie sonst einen Hund, der hinterher noch stärker zieht als vorher. Schließlich lernt Ihr Hund durch inkonsequentes Training vor allem eines: Er muss einfach noch ausdauernder in der Leine hängen, damit es weitergeht!

Diesen Effekt können Sie sogar noch verstärken, wenn Sie die Art der Belohnung verändern. Überraschen Sie Ihren Hund auch mal mit einem Ausnahmeleckerbissen, wenn Sie das Gefühl haben, dass er innerhalb einer Übung etwas besonders gut gemacht hat. Mit den wachsenden Abständen zwischen den Leckerbissen wird es für Ihren Hund zur Normalität, das gewünschte Verhalten auszuführen – auch ohne jedes Mal eine tolle Belohnung zu erhalten!

Zufallsprinzip „Inkonsequenz"

Das gleiche Prinzip, das die variable Belohnung so erfolgreich macht, ist allerdings auch dafür verantwortlich, dass sich – meist unerwünschte – Angewohnheiten hartnäckig etablieren.

Mit Belohnung motivieren

Indem wir manchmal auf die Unarten unserer Hunde reagieren und manchmal nicht, verstärken wir auch das Verhalten, das wir eigentlich nicht wollen, nach dem Zufallsprinzip – und sorgen dafür, dass es besonders fest verankert ist! Das Betteln des Hundes während der menschlichen Mahlzeiten ist ein Paradebeispiel: Hin und wieder fällt etwas ab, entweder von Besuchern, die Ihre Bemühungen hartnäckig ignorieren, oder durch zufällig vom Tisch rieselnde Brötchenkrümel. So oder so: das Warten lohnt sich! Und weil der Hund nicht weiß, wann etwas herunterfällt und was es sein wird, wartet und bettelt er umso ausgiebiger.

Zusammenfassung
- Was ein Hund als Belohnung empfindet, hängt nicht nur von seinen persönlichen Vorlieben ab, sondern ist auch situationsbezogen.
- Finden Sie heraus, welche Belohnung in einer bestimmten Situation die beste für Ihren Hund ist. Was will er in einer bestimmten Situation erreichen? Wann will er was am meisten?
- Überlegen Sie, welche Anforderungen das Training an die Belohnung stellt. Ist eher ein aufregendes Spiel als Belohnung geeignet oder ein ruhiges Lob?
- Achten Sie darauf, dass die Belohnung rechtzeitig erfolgt, damit nicht aus Versehen ein unerwünschtes Verhalten belohnt wird. (Timing!)
- Erst das Verhalten, dann die Belohnung.
- Belohnen Sie gerade zu Beginn neuer oder schwieriger Übungen großzügig.
- Besteht eine zuverlässige Übungssicherheit, bauen Sie die Belohnungen langsam ab.
- Nutzen Sie das Glücksspielprinzip, indem Sie die Belohnung möglichst variabel halten – überraschen Sie Ihren Hund.

Ausrüstung und Hilfsmittel

Was brauchen Sie für das Leinentraining? Halsband und Leine, das ist doch klar! Hier wird zum Beispiel auch erklärt, dass ein Brustgeschirr hilfreich sein kann, was ein Halti ist, wie Sie mit dem Clicker umgehen und welche Trainingsmethoden Sie getrost vergessen können.

Das Halsband

Das Halsband ist zwar das gängigste Mittel, doch es ist nicht immer das günstigste. Gerade bei stark ziehenden oder leinenaggressiven Hunden, die am Halsband geführt werden, ist der Hals einem enormen Druck ausgesetzt. Darunter leiden nicht nur Kehlkopf und Luftröhre. Die Wirbelsäule des Hundes ist der menschlichen sehr ähnlich. Jedes Mal, wenn sich das Halsband beim Ziehen oder Toben in das Fell gräbt, schnürt es auch in die Halswirbelsäule. Durch die dauernde Belastung der Bandscheiben kann es zu Kopf- und Rückenschmerzen kommen. Auch ein unangenehmes Schwindelgefühl sowie Verspannungen können mögliche Folgen sein.

Am schmalsten Punkt des Hundes

Beim Leinentraining ist das Halsband auch aus einem weiteren Grund nicht zu empfehlen. Da der Hund durch das Halsband am schmalsten Punkt des Körpers geführt wird, ist er in kritischen Situationen nur schlecht zu handhaben.

Ausrüstung und Hilfsmittel

Gerade ein wild tobender Hund mit Leinenaggression ist überhaupt nicht kontrollierbar. Weder Kopf noch Körper können effektiv beeinflusst werden, und er kann ohne Schwierigkeiten weiteren Blickkontakt zum anderen Hund halten. Selbst wenn er an der Leine weitergezogen wird, kann er den Kopf drehen und seine Rage immer wieder neu entfachen. Auch der unter Umständen recht schwere Körper lässt sich nur unter großem Kraftaufwand bändigen. Daher empfehle ich, ein gut sitzendes Brustgeschirr zu verwenden. Wenn Sie allerdings lieber mit einem Halsband arbeiten möchten, sollten Sie darauf achten, dass es etwas breiter geschnitten ist und nicht einschneidet.

Das Brustgeschirr

Das Brustgeschirr ist ein Gurtsystem, das aus einer Kombination von Bauchgurt, Bauchsteg, Brustgurt und einem Rückensteg bestehen sollte. Es gibt auch Modelle ohne Rückensteg, allerdings sorgt gerade dieser zusätzliche Riemen für eine bessere Verteilung des Drucks auf den gesamten Brustkorb. Modelle ohne Rückensteg sind dagegen meistens so konzipiert, dass die Druckpunkte vor allem im Halsbereich oder im empfindlichen Achselbereich liegen und damit ihren eigentlichen Nutzen verfehlen.

> **Vorteil Brustgeschirr**
> Ein Brustgeschirr ist also nicht nur schonender für die hundliche Wirbelsäule, sondern bietet dem Halter eine bessere Kontrolle – bei Problemen mit der Leinenführigkeit ein nicht ganz unwesentlicher Aspekt!

Einige Modelle haben einen extrabreiten Bauchsteg, der für eine bessere Verteilung des Drucks sorgt.
Ein gut sitzendes Brustgeschirr ist eine echte Entlastung der Halswirbelsäule. Der Rückensteg dient darüber hinaus als recht praktischer Griff, wenn Sie Ihren frei laufenden Hund schnell und zielsicher einfangen müssen. Durch den verlagerten Schwerpunkt ist ein Hund mit Brustgeschirr wesentlich besser zu bändigen als mit einem Halsband.

In schwierigen Situationen kann man gut ins Brustgeschirr greifen.

Die Gurte sollten genügend Bewegungsfreiheit lassen, ohne zu drücken oder zu schlackern.

Es passt, wackelt und hat Luft

Damit Sie diese Vorteile nutzen können, sollten Sie großen Wert auf die Passgenauigkeit des Brustgeschirrs legen. Messen Sie den Umfang des Brustkorbes an der breitesten Stelle und suchen Sie danach die entsprechende Größe aus. Die meisten Händler haben nichts dagegen, wenn Sie Ihren Hund mitbringen und das Geschirr vor Ort anprobieren. Dann können Sie gleich überprüfen, ob das Modell richtig sitzt oder ob Sie ein anderes wählen. Insgesamt sollte das Geschirr zur Statur des Hundes passen, ohne dass die Gurte viel zu breit wirken oder Sie das Gefühl haben, es stecke viel zu viel Hund in einem viel zu dünnen Geschirr.

Absolut unerlässlich ist ein verstellbarer Bauchgurt, und schön ist, wenn er sich auf zwei Seiten öffnen lässt. Dann braucht Ihr Hund nämlich nicht erst mit einer Pfote in das Geschirr hineinzusteigen.

Das Brustgeschirr sollte nicht zu eng am Körper anliegen, damit es beim Gehen nicht auf der Haut scheuert. Es sollte allerdings auch nicht so locker sitzen, dass Ihr Hund beim Rennen seine Pfoten darin verheddert.

Faustregel für den perfekten Sitz

Wenn Sie ihm das Geschirr anlegen, sollten zwischen Gurt und Fell noch ein Fingerbreit und zwischen Gurt und Hundebein ca. eine Handbreit Platz sein, damit es perfekt passt.

Leder oder Nylon

Was das Material betrifft, haben Sie die Wahl zwischen Leder und Nylon. Die handelsüblichen Brustgeschirre werden mittlerweile größtenteils aus Nylon hergestellt. Das hat den Vorteil, dass es leichter als Leder ist, und bei Bedarf es auch mal in die Waschmaschine gesteckt werden kann. Die Nähte sollten auf jeden Fall außen am Geschirr und nicht auf der Fellseite liegen, damit sie nicht an der Hundehaut scheuern.

Ans Brustgeschirr gewöhnen

Die wenigsten Hunde haben ein Problem mit dem Anlegen oder Tragen eines Brustgeschirrs, sodass Sie eigentlich gleich loslegen können. Sollte Ihrem Hund das Gurtsystem nicht ganz geheuer sein, legen Sie es ihm zunächst nur kurz zu Hause an und verlängern Sie die Tragzeit im Laufe einer Woche schrittweise. Verbinden Sie diese Zeiten mit etwas Angenehmen. Dann sollte es keine Schwierigkeiten mehr geben und das Misstrauen schnell verschwunden sein.

Das Kopfhalfter (Halti)

Das Kopfhalfter ist kein Maulkorb, obwohl es irrtümlicherweise oft damit verwechselt wird. Die Hundeschnauze ist darin erheblich weniger eingeschränkt und der Kiefer hat eine große Bewegungsfreiheit. Der Hund kann damit auch ganz normal trinken und Nahrung aufnehmen, die Zunge kann zum Hecheln heraushängen.

Es ist daher eher vergleichbar mit einem Pferdehalfter und funktioniert auf der Basis, dass die Laufrichtung zuerst durch den Kopf vorgegeben wird und der Körper dieser Richtung folgt. Vorteilhaft für unser Leinentraining ist, dass sich der Hund ohne großen Kraftaufwand führen lässt.

Außerdem können Sie durch die Kontrolle des Kopfes Einfluss auf das Blickfeld des Hundes nehmen und so vermeiden, dass er entgegenkommende Artgenossen fixiert. Ziehen ist für den Hund praktisch nicht mehr möglich, weil die Vorwärtsbewegung in eine Drehbewegung umgeleitet wird.

Das Halti darf die Augen nicht behindern.

So sieht es aus

Es besteht aus einem schmalen Riemen, der um die Hundeschnauze gelegt wird und unter der Schnauze durch einen Metallring gezogen ist. Dieser Riemen verengt sich, wenn der Hund zieht, und übt Druck auf die Oberseite der Schnauze aus. Zwei weitere Riemen bilden die Verbindung zu einem Gurt, der hinter den Ohren zusammenläuft. An diesem ist der Schließmechanismus in Form eines Schnellverschlusses befestigt. Die Leine wird an einem weiteren Ring eingehakt, der sich an der Unterseite des Halfters unter dem Kinn befindet.
Das Kopfhalfter sitzt richtig, wenn unter den Kopfriemen noch zwei Finger Platz ist und der Augenbereich in keiner Weise eingeschränkt wird.

An das Halti gewöhnen

Die meisten Hunde mögen den ungewohnten Riemen am Kopf nicht und versuchen sich dessen zu entledigen. Daraufhin wird das Halti häufig wieder weggelegt und als fehlgeschlagener Versuch gewertet – schließlich fühlt sich der Hund sichtlich unwohl damit. Dabei ist es ungefähr so, als würden wir uns an das Tragen einer Brille gewöhnen. Zu Beginn wird der Fremdkörper auf der Nase als störend empfunden, während man ihn später kaum noch wahrnimmt.

Gehen Sie behutsam vor und nehmen Sie sich Zeit (eine Woche), um ihn an das Halti zu gewöhnen. Vermeiden Sie jeden Zwang, damit Ihr Hund keine unangenehmen Erfahrungen macht. Bleiben Sie geduldig und locker, denn Sie wollen ihm vermitteln, dass das Halti ganz normal und gar nicht gruselig ist.

Gewöhnung in 5 Schritten

1. Beginnen Sie, indem Sie ihm das Kopfhalfter zeigen. Tun Sie so, als hielten Sie etwas Großartiges in Ihren Händen. Lassen Sie ihn an dem fremden Geschirr schnuppern und belohnen Sie sein Interesse mit kleinen Leckerbissen. Wiederholen Sie diese Zeremonie ein paarmal.

Ausrüstung und Hilfsmittel 45

2. Nun locken Sie die Hundeschnauze durch den Riemen, indem Sie auf der anderen Seite ein Leckerchen in Aussicht stellen. Wenn die Schnauze ihren Weg durch den Riemen gefunden hat, geben Sie Ihrem Hund sofort das Leckerchen, das Sie bereits in der Hand halten, und noch ein paar dazu. Dabei halten Sie das Halti so, dass die Hundenase zwar hindurchgesteckt wird, der Riemen aber nicht auf der Nase liegt, denn das könnte eine Abwehrreaktion hervorrufen.

3. Im nächsten Schritt steckt der Hund nicht nur seine Nase durch das Kopfhalfter, nun wird der Riemen locker um die Hundeschnauze gelegt. Dabei bleibt das Halfter geöffnet. Wiederholen Sie diese Prozedur in den nächsten Tagen, bis Sie merken, dass Ihr Hund den Riemen um seine Schnauze akzeptiert.
Bleiben Sie dabei ruhig und gelassen und sorgen Sie für eine freundliche und angenehme Atmosphäre. Dann wird Ihr Hund das Halfter schnell akzeptieren.

Im ersten Schritt (Bild links) darf der Hund am Kopfhalter schnuppern und wird in dessen Nähe mit Leckerchen gefüttert.

Anschließend bekommt er die Leckerchen nur, wenn er die Nase durch das Halti steckt.

Im dritten Schritt liegt der Riemen des Haltis auf der Hundenase.

Nehmen Sie sich genügend Zeit und üben Sie in ruhiger Atmosphäre. Dann fällt es Ihrem Hund leichter, sich an das Halti zu gewöhnen.

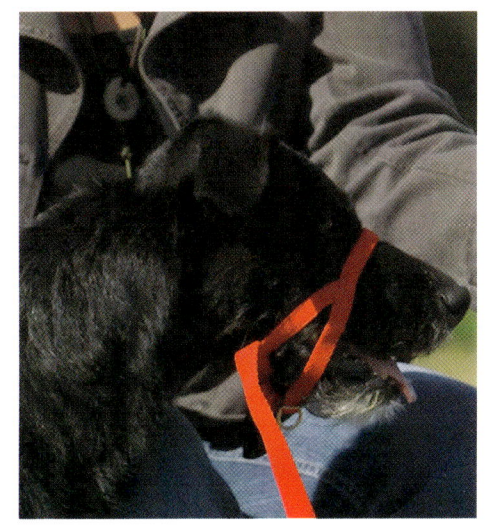

46 Das Training richtig vorbereiten

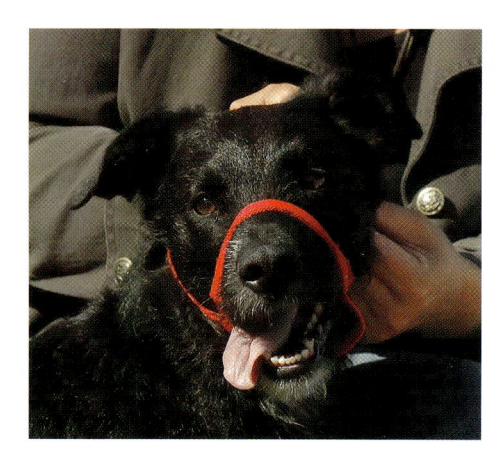

Dann wird das Kopfhalfter geschlossen.

Anfangs darf er es noch so tragen, bevor es zum Training eingesetzt wird.

4. Hat er es akzeptiert, können Sie dazu übergehen, das Halfter komplett anzulegen und den Riemen hinter den Ohren zu schließen. Verteilen Sie auch jetzt wieder großzügig Leckerchen, während er das Halfter trägt, und beschränken Sie die Tragzeit auf wenige Sekunden. Wiederholen Sie diese Übung mehrmals am Tag und steigern Sie die Tragzeit. Am besten legen Sie das Halti an, bevor er sein Futter erhält. Die meisten Hunde vergessen beim Fressen völlig, auf das ungewohnte Halfter zu achten. Wenn Sie es nun jeden Tag ein wenig früher anlegen, gewöhnen Sie Ihren Hund schonend an das neue Hilfsmittel.

5. Fühlt sich Ihr Hund mit dem Kopfhalfter wohl, können Sie dazu übergehen, es auf einem Spaziergang anzulegen. Die Leine wird jedoch noch nicht befestigt. Die ersten ein bis zwei Tage reicht es vollkommen aus, ihn am Brustgeschirr zu führen und das Halfter nur zu tragen, bevor Sie schließlich dazu übergehen können, es als Trainingshilfe zu benutzen.

Bevor es in der Ecke landet

Manche Hunde lassen sich das Kopfhalfter von Anfang an problemlos anlegen. Ob Ihr Hund auch dazu gehört, wissen Sie allerdings erst, wenn Sie es ausprobiert haben. Zählt er nicht dazu und

wehrt sich, speichert er die Erfahrung mit dem Kopfhalter als unangenehm ab. So wird das Anlegen häufig schon zum K(r)ampf. Nicht selten wandern die Halfter auf Nimmerwiedersehen in eine Schublade und das Projekt „Kopfhalter" wird als gescheitert abgehakt.
Es ist also besser, den Hund langsam und schrittweise an das Kopfhalter zu gewöhnen. Wie das Kopfhalter sinnvoll eingesetzt werden kann, lesen Sie in den Abschnitten zur Leinenführigkeit und Leinenaggression.

Freiheit beim Freilauf
Ihr Hund sollte das Kopfhalter bitte nur angeleint tragen. Nehmen Sie es ihm ab, wenn er frei laufen und mit anderen Hunden spielen darf, und legen Sie es ihm wieder an, wenn Sie weitergehen.

Die passende Leine
Bei der Leine haben Sie die Wahl zwischen verschiedenen Materialien wie Leder oder Nylon. Wofür Sie sich entscheiden, ist letztlich Geschmackssache. Wenn Sie mit einem Kopfhalter arbeiten wollen, sollten Sie jedoch darauf achten, dass die Leine an jedem Ende mit einem Haken versehen ist, von denen ein Haken kleiner sein sollte.

Es ist wichtig, dass die Leine eine gleichbleibende Länge hat, damit Ihr Hund sich darauf einstellen kann. Daher rate ich vom Gebrauch einer Flexileine ab, denn hier verändert sich der für den Hund verfügbare Radius ständig.
Ein weiterer Punkt, der gegen den Einsatz der Flexileine spricht, ist der Erfolg, den der Hund beim Ziehen hat, denn wenn er an der Leine zieht, spult der aktivierte Rollmechanismus automatisch weiter, die Leine verlängert und der Radius vergrößert sich. Selbst auf einen entspannt gehenden Hund wirkt ein permanenter leichter Zug durch die Flexileine. Dadurch wird das Ziehen forciert.

So halten Sie die Leine richtig
Für das Handling ist es nicht unerheblich, wie die Leine festgehalten wird. Halten Sie die Leine so fest in der Hand, dass sie Ihnen nicht unbeabsichtigt entgleitet, Sie sie im Notfall aber auch loslassen können.
Ist Ihr Hund auf diese Weise nicht zu kontrollieren, greifen Sie auf die Kombination mit dem Kopfhalter zurück. Auf keinen Fall sollen Sie durch die Handschlinge schlüpfen und die Leine gar um Ihr Handgelenk wickeln. Halten Sie sie mit festem Griff in einer Hand und sichern Sie eventuell mit der zweiten Hand ab.

Das hält die Hände frei: eine Bauchleine.

Die Bauchleine
Eine Bauchleine können Sie selbst herstellen, indem Sie Ihre normale Hundeleine mithilfe eines Gürtels an Ihrem Rumpf verankern. So bleibt der Abstand zwischen Ihnen und Ihrem Hund immer gleich und ist stabiler, als an Ihrem beweglichen Arm.

Bevor Sie sich Ihren Hund an den Bauch binden, sollten Sie auf jeden Fall das Größenverhältnis zwischen Ihnen und Ihrem Hund berücksichtigen, damit er Sie nicht umreißt. Ihre Sicherheit hat absoluten Vorrang. Wenn Ihr Hund im Verhältnis zu groß und kräftig ist, sollten Sie lieber auf Brustgeschirr und Halti zurückgreifen.

Der Clicker
Der Clicker stellt die Brücke zwischen dem erwünschten Verhalten des Hundes und der Belohnung dar und kann als wertvolles Hilfsmittel eingesetzt werden. Der Clicker hat zwei wesentliche Vorteile: Zum einen klingt er immer gleich, während die menschliche Stimme akustischen Schwankungen unterliegt. Zum anderen sind Sie wesentlich schneller. Mit einem Click übermitteln Sie sofort die Botschaft „Gut gemacht! Und jetzt hol dir deine Belohnung ab", während Sie zum Loben erst Luft holen müssen. Dadurch können Sie Ihrem Hund äußerst präzise vermitteln, welches Verhalten Sie belohnenswert finden.

Den Clicker einführen
Vorbereitung
Legen Sie sich 10–15 kleine Leckerchen bereit, die Ihr Hund besonders mag.

Schritt 1
Nehmen Sie den Clicker in die Hand und clicken Sie einmal. Danach erhält Ihr Hund sofort ein Leckerchen.
Halten Sie das Leckerchen nicht schon vorher in der Hand, denn Ihr Hund soll auch später mitarbeiten, wenn er keine Leckerbissen sieht. Wiederholen Sie diesen Vorgang (Click – Leckerchen), bis der Leckerchen-Vorrat aufgebraucht ist. Machen Sie eine Pause, bevor es einen neuen Durchgang gibt.
Wechseln Sie zwischendurch Ihre Position. Anfangs stehen Sie beispielsweise vor Ihrem Hund, dann clicken Sie im Sitzen oder während Sie neben ihm stehen. Auch Ihr Hund sollte sich in ver-

schiedenen Situationen und Positionen befinden, damit er das Geräusch des Clickers nicht mit seiner oder Ihrer Position verknüpft. In dieser Phase soll der Hund den Click mit einem leckeren Häppchen in Verbindung bringen.

Schritt 2
Um zu testen, ob die Konditionierung erfolgreich war und das Click-Geräusch schon eine Bedeutung für den Hund hat, passen Sie einen Moment ab, in dem er sich von Ihnen abwendet, und betätigen Sie den Clicker. Wenn er den Kopf erwartungsvoll zu Ihnen dreht, ist die Konditionierung abgeschlossen und Sie können den Clicker nun einsetzen, um Verhalten punktgenau zu belohnen.

Die Trainingsabläufe zur Leinenführigkeit und zur Leinenaggression sind oft ohne Clicker beschrieben, weil die Handhabung von Leine, Leckerchen und Clicker für manchen Hundehalter etwas viel auf einmal ist. Wenn Sie gerne mit dem Clicker arbeiten wollen, ersetzen Sie in allen beschriebenen Übungen das Lob durch einen Click und geben anschließend das Leckerchen. Für einzelne Übungen, in denen es besonders auf das richtige Timing ankommt, wird der Trainingsablauf mit dem Clicker beschrieben.

Sie benötigen Clicker und Leckerchen.

Click und Leckerchen.

Der Click hat eine Bedeutung bekommen.

Ausbildungsmittel, die Sie getrost vergessen können

Der Leinenruck

Verzichten Sie bitte ganz und gar auf den weit verbreiteten Leinenruck. Er ist nicht nur wenig effektiv, sondern kann langfristig zu Schäden an der Wirbelsäule und im Halsbereich, besonders an Kehle und Luftröhre, führen. Der Leinenruck gehört in die Mottenkiste!

Stachel- und Würgehalsband

Aus den gleichen Gründen lehne ich den Gebrauch von Stachel- und Würgehalsbändern ab. Stellen Sie sich vor, Sie machen etwas falsch und bei jedem Fehler drückt Ihnen jemand mit einem Band die Luft ab – und das auch noch, ohne Ihnen zu sagen, wie sie es richtig machen sollen. Oder es bohren sich jedes Mal kleine Metallstäbe in Ihren Hals. Nicht gerade eine angenehme Vorstellung. Der Einsatz dieser Halsbänder führt nicht nur zu Schmerzen, sondern auch zu einer angespannten Lernsituation und verspricht höchstens einen fragwürdigen und kurzfristigen Erfolg. Manche Hunde scheinen diese Mittel kaum zu beeindrucken, da sie unvermindert weiterziehen oder genauso aggressiv auf andere Hunde reagieren wie zuvor. Bei einem stark ziehenden Hund ist es durchaus denkbar, dass der einsetzende Schmerz beim Zusammenziehen der Halsbänder eine Art Fluchtreaktion auslöst. Der Hund möchte der unangenehmen Einwirkung am Hals entkom-

Ein Stachelhalsband gehört nicht in die Hundeausbildung: Bei Zug bohrt es sich ins Fleisch.

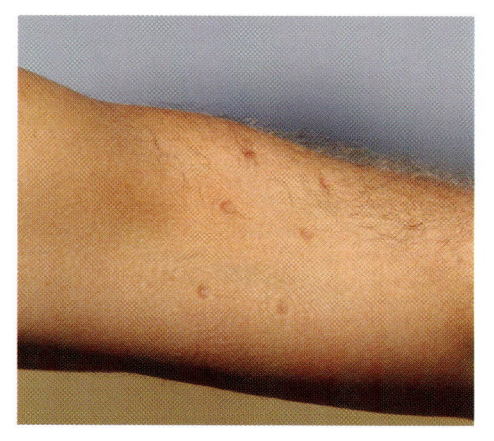

Das ist schmerzhaft und unangenehm, bringt aber keine Verhaltensänderung.

men und legt sich kräftig in die Leine, um sich dem Schmerz schneller entziehen zu können. Ein Würge- oder Stachelhalsband hält Hunde nicht vom Ziehen ab – es würgt sie nur und fügt ihnen Schmerzen zu.

Bei einer Leinenaggression ist es durchaus möglich, dass der Hund den Schmerz mit dem Erscheinen des anderen Hundes verknüpft, was die schon bestehende Aversion weiterhin schüren würde. Solche unerwünschten Verknüpfungen sind nicht kalkulierbar.

Das Erziehungsgeschirr

Ein Erziehungsgeschirr besteht aus zwei elastischen Bändern, die unter den Achseln des Hundes hindurchgeführt werden und am Halsband zusammenlaufen, wo sie durch einen Ring verbunden sind. Die Leine wird an diesem Ring befestigt und jedes Mal, wenn der Hund nach vorne prescht, werden die Bänder durch die Leine nach hinten gezogen. Jeder Schritt, den der Hund bei gespannter Leine macht, übt Druck auf die Achseln aus und ist daher äußerst unangenehm für ihn. So soll das Ziehen verhindert werden. Tatsächlich lässt sich bei manchen Hunden das Ziehen dadurch einschränken, aber es gibt durchaus auch Hunde, die mit einem Erziehungsgeschirr uneingeschränkt weiterziehen. Da das Gurtsystem im empfindlichen Achselbereich ansetzt, können erhebliche Schmerzen entstehen. Bei ausdauernd ziehenden Hunden kann es durch die Reibung der Bänder zu Hautabschürfungen kommen.

Bitte nicht verwenden: Die Bänder schneiden in den empfindlichen Achselbereich.

Zusammenfassung

- Ein Brustgeschirr entlastet den empfindlichen Halsbereich und sorgt für eine bessere Kontrolle des Hundes.
- Bei hartnäckigen Leinenziehern können Sie zusätzlich mit einem Kopfhalfter trainieren.
- Auch bei der Leinenaggression kann das Kopfhalfter eine vorübergehende Trainingshilfe sein.
- Gewöhnen Sie den Hund langsam an das Kopfhalfter.
- Verzichten Sie auf Schmerz verursachende Hilfsmittel.

Der Trainingsplan

Vielleicht erscheint es Ihnen zunächst überflüssig, Ihr Ziel zu formulieren und alle notwendigen Schritte aufzuschreiben, aber die Mühe lohnt sich. Wenn Sie vor Trainingsbeginn ein wenig Zeit investieren, um den Übungsaufbau zu planen und aufzuschreiben, können Sie Ihr Vorhaben klarer und konsequenter in die Tat umsetzen.

Sinn und Zweck des Trainingsplans

Ihr Ausgangspunkt ist ein ziehender beziehungsweise tobender Hund, und Sie haben den dringenden Wunsch, etwas daran zu verändern. Vielleicht haben Sie auch schon eine Idee, wie schön es sein wird, wenn Sie und Ihr Hund vom stadtbekannten Terror-Gespann zum harmonischen Dream-Team werden. Auf jeden Fall haben Sie ein Ziel: Ihr Hund soll an der lockeren Leine gehen, kontrollierbar sein und auch unter Ablenkung aufmerksam neben Ihnen hertrotten. Was Ihnen fehlt, sind die zahlreichen Einzelschritte, die Sie zum Erreichen des Ziels benötigen. Hier tritt der Trainingsplan in Kraft. Er führt Sie wie ein Routenplaner vom Start über verschiedene Stationen bis zum Ziel.

Er sorgt dafür, dass Sie keine Zwischenstation auslassen, sich nicht in irgendwelchen Sackgassen verirren und dass Sie das Ziel nicht aus den Augen verlieren. Es ist in der Hundeerziehung enorm wichtig, in langsam aufeinander aufbauenden Schritten zu arbeiten. Ein Plan ist sehr hilfreich, denn er verhindert, dass Sie zu schnell vorgehen und Ihren Hund überfordern.

Wenn Sie wissen, wie Sie Ihren eigenen Trainingsplan erstellen, fällt es Ihnen leichter, das Training auf Ihre individuellen Bedürfnisse und die Ihres Hundes abzustimmen. So behalten Sie immer alles Wesentliche im Blick. Sie können die Beispiel-Trainingspläne in diesem Buch ganz leicht an Ihre persönlichen Erfordernisse anpassen.

Was nicht fehlen darf
Das Lerntempo

Die meisten Fehler passieren, weil der Halter zu viel von seinem Hund erwartet. Gehen Sie langsam vor, legen Sie einen Schritt nach dem anderen zurück und überfordern Sie Ihren Hund nicht! Bleiben Sie fair und überlasten Sie ihn nicht mit Anforderungen, die er noch gar nicht erfüllen kann.

Beispiel: Hochseilartisten

Stellen Sie sich vor, Sie trainieren für einen Balanceakt auf dem Drahtseil in 10 Metern Höhe – ohne Netz und doppelten Boden: Wie würde Ihre erste Trainingsstunde aussehen?

Sie würden sich vermutlich in eine ruhige Ecke zurückziehen und ganz langsam beginnen. Das Seil wäre nur knapp über dem Boden gespannt, und Sie würden sich zunächst mit der Technik und dem Erlernen der geforderten Fertigkeiten vertraut machen. Kein Mensch würde gleich von Ihnen eine perfekte Vorstellung erwarten. Wie lange würden Sie brauchen, bis Sie sich einen Auftritt in schwindelnder Höhe vor Publikum zutrauen, wenn Sie jeden Tag ungefähr eine Stunde Zeit zum Trainieren hätten? Ein halbes Jahr? Oder ein ganzes? Sie würden die Anforderungen langsam steigern: Die Dauer des Trainings würde sich nach und nach verlängern und auch der Schwierigkeitsgrad langsam wachsen. Wenn es dann so weit ist und Sie endlich oben auf dem Seil stehen, stellen Sie fest, dass Ihre Anspannung wächst, weil Sie bisher immer nur allein trainiert haben – mit Zuschauern sieht die Sache schon wieder ganz anders aus.

> ### Gehen Sie langsam vor!
> Steigern Sie Ihre Ansprüche langsam und erwarten Sie nur so viel von Ihrem Hund, wie er auch wirklich leisten kann. Verlangen Sie nicht schon nach der dritten Trainingseinheit eine perfekte Vorstellung – das kann er noch nicht!

Eine Begegnung für Fortgeschrittene

Der geeignete Trainingsort

Ziel ist es, den Hund auf eine reale Situation vorzubereiten, die in der gewohnten Umgebung eintritt. Es macht also wenig Sinn, nur einen bestimmten Übungsplatz aufzusuchen, auf dem sich Ihr Hund ganz wunderbar benimmt, im „wirklichen Leben" jedoch regelmäßig in seine alten Gewohnheiten zurückfällt. Auch wenn Sie immer im selben Park, oder auf derselben Wiese üben, können Sie nicht erwarten, dass die Leine locker bleibt, wenn Sie den ersten Trainingsgang durch die Stadt wagen.

Daher sollte das Training nicht nur unter realen Bedingungen stattfinden, sondern auch an unterschiedlichen Orten mit verschiedenen Ablenkungsgraden. Wenn Sie nach einem geeigneten Trainingsgelände Ausschau halten, sollten Sie in einer möglichst ablenkungsarmen Umgebung beginnen und sich anschließend in immer belebtere Gegenden vorarbeiten. So vermeiden Sie Situationen, mit denen Sie noch nicht umgehen können, und tasten sich langsam an einen höheren Schwierigkeitsgrad mit stärkeren Ablenkungen heran.

Situationen übertragen

Hunde sind nicht besonders gut im Generalisieren. Das heißt, dass sie ein bestimmtes Verhalten in einer bestimmten Situation schlecht auf eine andere Situation übertragen können. Sie können also nicht verallgemeinern.

Für Ihren Hund ist es fast so, als müsse er die ganze Angelegenheit in einer veränderten Umgebung noch einmal neu lernen. Das liegt an seiner ungeheuer komplexen Wahrnehmung. Das möchte ich am Beispiel der Leinenführigkeit erläutern.

Beispiel: Wie Hunde Zusammenhänge wahrnehmen

Zu Beginn stellt Ihr Hund vielleicht einen ganz anderen Zusammenhang her mit Ihrem Wunsch, langsam zu gehen, als das Anlegen der Leine. Wenn Sie in einer bestimmten Umgebung mit dem Training beginnen, können Teile dieser Umgebung zum möglichen Signal werden, zum Beispiel bestimmte Gerüche oder Geräusche, die Ihr Hund mit diesem Ort in Verbindung bringt. Stellen Sie sich vor, Sie beginnen Ihr Training auf einer ruhigen Wiese. Es ist Abend, es regnet und auf dem Feld gegenüber grasen ein paar Kühe, während aus der Ferne das Bellen eines Hundes zu hören ist und irgendwo ein Traktor tuckert.

Die Verknüpfung, die Ihr Hund herstellt, kann dabei ungefähr so aussehen: „Wenn ich am Abend mit meinem Menschen auf der Wiese bin, nass werde, eine Leine angelegt bekomme und einen Hund bellen höre, soll ich langsam gehen."

Generalisieren
Die Variation der Trainingsbedingungen wird als Generalisieren bezeichnet und speichert das erarbeitete Verhalten für die unterschiedlichsten Situationen ab.

Natürlich sind nicht alle Komponenten einer Umgebung zum Signal für Ihren Hund geworden, um langsam zu gehen. Aber es ist sicherlich eine Kombination aus mehreren verschiedenen Faktoren. Ihr Hund muss lernen, dass einzig und allein die Leine der auslösende Schlüsselreiz für das Verhalten „Im-Schneckentempo-Gehen" ist – dass das gewünschte Verhalten also immer dort gefragt ist, wo die Leine zum Einsatz kommt. Um das zu erreichen, müssen die Trainingsbedingungen zum entsprechenden Zeitpunkt verändert werden. Nicht nur die Orte müssen variiert werden, sondern auch die Tageszeiten.

Immer, wenn eine Stufe „abgearbeitet" ist, gehen Sie zur nächsten.

Damit das ruhige Gehen für den Hund nicht an bestimmte Personen gebunden ist ...

... übt Buster regelmäßig mit all seinen Bezugspersonen.

Mit verschiedenen Personen trainieren

Eine Generalisierung muss sich nicht nur auf den Ort und die Tageszeit beschränken. Es ist durchaus sinnvoll, wenn mit fortschreitendem Trainingsstand verschiedene Personen mit dem Hund üben. Sonst kommt Ihr Hund vielleicht zu dem Schluss, er solle nur bei Ihnen langsam gehen. Wenn Sie sich alleine um ihn kümmern, dann bitten Sie Freunde um Unterstützung.

Natürlich müssen sich alle Personen an die gleichen Regeln halten! Das gilt auch für Familienmitglieder, die nur kurz mit ihm Gassi gehen. So sind die Chancen auf einen Erfolg am größten.

Das Stufenmodell

Sie können den gesamten Trainingsablauf in einem einzigen Trainingsplan zusammenstellen, den Sie der Reihe nach abarbeiten.

Das funktioniert auch ganz gut – vor allem bei weniger komplexen Aufgaben oder bei Hunden, denen das Umlernen leichtfällt. Ich schlage allerdings vor, ein Stufenmodell zu bilden. Dabei formulieren Sie nicht nur ein großes Gesamtziel, sondern Sie schaffen sich einzelne Etappenziele – die Tour de France wird auch nicht in einem Stück zurückgelegt.
Sie sind durch eine Splittung des Trainings leichter in der Lage, Ihre Fortschritte zu kontrollieren und die einzelnen Etappen auf Schwachstellen zu überprüfen. Und Sie unterliegen weniger der Gefahr, zu schnell vorzugehen.

Der psychologische Effekt

Der eigentliche Vorteil liegt auf psychologischer Ebene: Egal ob es um Leinenführigkeit oder Leinenaggression geht – in beiden Fällen handelt es sich um die Korrektur eines oft seit Jahren etablierten Verhaltens. Umlernen ist, wie schon erwähnt, um einiges schwerer als etwas neu zu erlernen, vor allem, wenn die Reaktionen so stark und zum Teil mit großer Aufregung verbunden sind. Sie müssen also sehr konsequent und ausdauernd sein und werden wahrscheinlich mehrere Monate trainieren. Während dieser Zeit arbeiten Sie zwar auf ein großes Ziel hin, aber der Weg dorthin kann einem schon recht lang erscheinen.

Wenn Sie nun nach einem Trainingsplan arbeiten, der – unterteilt nach unterschiedlichen Schwierigkeitsstufen – aus mehreren Einzeletappen besteht, erreichen Sie immer mal wieder eines der Etappenziele.
Es ist fast wie ein Versetzungszeugnis für Mensch und Hund. Das steigert die Motivation und macht Mut, was sich wiederum positiv auf den Hund und das Training auswirkt. Immer wenn Sie ein Etappenziel erreicht haben und in Ihrem Training eine Stufe weitergehen, ist das eine schöne Bestätigung dafür, dass Sie beide auf dem richtigen Weg sind.

So erstellen Sie Ihren individuellen Trainingsplan

Zuerst legen Sie das Ziel fest, indem Sie aufschreiben, wie sich Ihr Hund am Ende des Trainings verhalten soll. Hier wäre es zum Beispiel in allen Situationen langsam an lockerer Leine zu gehen.
Dann unterteilen Sie das Ziel in einzelne Etappenziele und überlegen anschließend, wie die einzelnen Etappen erreicht werden sollen. Sie bilden das Fundament für die verschiedenen Trainingseinheiten. Für die einzelnen Etappenziele sollten Sie ebenfalls notieren, welches Verhalten Sie am Ende jeder Phase erwarten. Nähern Sie sich am besten durch gezielte Fragen an:

58 Das Training richtig vorbereiten

- Wie sieht das gewünschte Verhalten in der entsprechenden Stufe aus?
- Welche Einzelschritte sind denkbar, um sich diesem Ziel zu nähern?
- Womit soll belohnt werden?
- Wie oft soll in diesem Trainingsstadium eine Belohnung erfolgen?
- Soll in dieser Stufe ein Signalwort eingeführt werden? Wenn ja, welches?
- An welchen Orten soll die Übung gelingen?

Wenn Sie alle Fragen für jede Trainingsstufe beantworten, erhalten Sie ein gutes Trainingsgerüst.

Anschließend können Sie sich noch ein paar Stichpunkte zu Ihrem eigenen Verhalten machen: Worauf müssen Sie besonders achten? Woran müssen Sie noch arbeiten?

Anpassung ist gefragt

Wenn Ihr Trainingsplan steht, ist er doch nicht in Granit gemeißelt! Er ist jederzeit veränderbar, und falls Ihr Trainingsablauf ins Stocken geraten sollte, können Sie ihn individuell abwandeln und an Ihre persönlichen Erfordernisse anpassen. Sie können beispielsweise weitere Zwischenschritte einfügen oder die Ortsauswahl überdenken: Vielleicht ist die gewählte Ablenkung noch nicht angemessen für eine bestimmte Trainingsstufe?

Sicherheiten schaffen

Zur Absicherung des Erlernten wird nicht nur am Ende des gesamten Trainings generalisiert, sondern nach jeder Etappe. Die Etappenziele werden in verschiedene Schwierigkeitsgrade unterteilt und das erlernte Verhalten wird innerhalb jeder einzelnen Stufe auf verschiedene Orte übertragen.

Überprüfen Sie Ihren Trainingsstand und scheuen Sie sich nicht, bei Bedarf einen Schritt zurückzugehen. Wenn etwas gar nicht klappen will, sind Sie vermutlich zu schnell vorgegangen. Gehen Sie wieder eine Stufe zurück und investieren Sie mehr Zeit in die Generalisierung. Überdenken Sie auch den Trainingsaufbau: Fehlt vielleicht ein Zwischenschritt?

Zusammenfassung

- Anforderungen behutsam steigern: Bauen Sie Ihre Übungen langsam auf. Unterteilen Sie jede Übung in kleine Einzelschritte. Macht der Hund viele Fehler oder lässt sich leicht ablenken, gehen Sie so weit zurück, bis er wieder etwas richtig machen kann. Ihr Hund sollte immer eine reelle Chance auf eine Belohnung haben.
- Achten Sie darauf, dass er das Erlernte generalisieren kann.
- Trainieren Sie an unterschiedlichen Orten. Tasten Sie sich dabei von ablenkungsarmen in immer belebtere Gegenden vor.
- Integrieren Sie das Training in Ihren Alltag.
- Trainieren Sie nicht nur an verschiedenen Orten, sondern auch zu unterschiedlichen Zeiten.
- Lassen Sie Ihren Hund auch mit anderen Personen trainieren.
- Alle sollten sich dabei an die gleichen Regeln halten.

Beispiel eines Trainingsplans

Wie sieht mein Ziel aus?

Was soll in dieser Etappe erreicht werden?
Formulieren Sie, wie sich Ihr Hund verhalten soll.

Welche Einzelschritte sind möglich?

Lässt sich die Etappe in Einzelschritte zerlegen?
In welche?

Welche Signale sind notwendig?

Soll ein Hör- und/oder Sichtzeichen eingeführt werden?
Welches?

Wo soll trainiert werden?

An welchen Orten soll trainiert werden?
Sortieren Sie aufsteigend nach dem Grad der Ablenkung.

Notizen

Hier können Sie Ihre Bemerkungen zu den einzelnen Trainingseinheiten festhalten. Gab es besondere Vorkommnisse? Möchten Sie sich Hinweise für die nächste Trainingseinheit notieren?

Der Weg zum leinenführigen Hund

Das Ziel: Zufrieden an der Leine

Bevor Sie mit dem Training loslegen, überlegen Sie, was Sie erreichen wollen. Wäre es nicht schön, wenn Ihr Hund langsam und an lockerer Leine neben Ihnen herlaufen würde, während Sie gemeinsam entspannt spazieren gehen?

Signal zum Aufbruch

Wenn Sie nach der Leine greifen, ist das ein sicheres Zeichen für Ihren Hund, dass Sie mit ihm spazieren gehen: „Mein Mensch steht auf, geht zur Garderobe und – ja, er nimmt die Leine! Klasse, klasse, klasse!" Kaum ist der Hund angeleint, scheint er nur noch aus Ignoranz und Energie zu bestehen, die er vor allem darin investiert, möglichst kräftig zu ziehen. Das noch jemand am anderen Ende der Leine hängt, ist ihm völlig egal. Er will nur noch eins: So schnell wie möglich vorankommen.

Das liegt in erster Linie daran, dass die Leine für Ihren Hund Vorfreude und Aufregung über den anstehenden Ausflug bedeutet, sonst aber keine weitere Bedeutung hat. Er hat gelernt, dass er sich nur ordentlich in die Leine hängen muss, damit es vorwärts geht.

Und je mehr die Leine spannt, umso intensiver zieht er! Wäre es nicht schön, wenn die Leine zum Signal für „langsam gehen" werden würde? Das ist unser Ziel: Wir ersetzen das alte Verhalten „ziehen" durch das neue Verhalten „langsam gehen". Dabei etablieren wir eine neue Assoziation, denn am Ende des Trainings wird Ihr Hund das Anlegen der Leine mit „Einen-Gang-runterschalten" verbinden. Die Leine erhält also eine neue Bedeutung und kann zum Signal für „entspannt und locker spazieren gehen" werden.

Verhalten formen

Wie das „langsam gehen" aussehen soll, ist Geschmackssache. Der eine möchte, dass sein Hund exakt neben ihm geht, der andere mag es leicht versetzt vor oder hinter ihm, und dem dritten ist es egal, solange die Leine nicht spannt.

Das Ziel: Zufrieden an der Leine

Wenn Sie wollen, dass Ihr Hund in einer bestimmten Weise an der lockeren Leine geht, können Sie das erreichen, indem Sie das Verhalten formen. Sie dürfen später, wenn Ihr Hund begriffen hat, worum es geht, nur noch die besonders exakte Ausführung belohnen. Ich persönlich erwarte von meinem Hund nicht, dass er stets auf meiner Zehenlinie wandelt, nicht nach links und rechts schaut und an keinem Strauch schnuppern darf.

Meiner Meinung nach ist ein Spaziergang an der Leine etwas anderes als „bei Fuß gehen". Daher ist es mein Ziel, dass mein Hund aufmerksam und mit durchhängender Leine neben mir hertrottet, ohne mich im Tiefflug hinter sich herzuschleifen.
Und das ist auch das Ziel des Buches: Spazieren gehen soll wieder Spaß machen und in entspannter Atmosphäre stattfinden.

Bis der Spaziergang so gut klappt, wie auf dem rechten Bild, ist viel Konsequenz und Übung nötig, um allen Ablenkungen widerstehen zu können. Doch das Üben lohnt sich.

Warum zieht er nur?

Für Ihren Hund ist es auch nicht besonders angenehm, wenn er zieht. Warum macht er es also? Auf diese Frage gibt es keine pauschale Antwort, oft gibt es mehrere Gründe dafür. Vielleicht ist er nicht ausgelastet, vielleicht kennt er es nicht anders, vielleicht hatte er Erfolg, und vielleicht treffen alle Gründe auf einmal zu.

5 Gründe, warum Hunde ziehen

Er hat es so gelernt

Vielleicht weiß Ihr Hund gar nicht, dass man auch langsam gehen und trotzdem vorwärts kommen kann, weil er bereits von Welpenbeinen an gezogen hat. Ein ziehender Berner Sennen-Welpe ist noch ganz niedlich („Schau mal, wie er sich anstrengt!"), doch schnell entwickelt sich daraus ein notorischer Zieher.

Er ist nicht ausgelastet

Oft sind die Hunde nicht richtig ausgelastet. Viele hängen sich besonders am Anfang des Spaziergangs in die Leine, weil sie es nicht abwarten können und der Bewegungsdrang so groß ist. Auf dem Rückweg laufen sie dagegen wesentlich ruhiger mit. Hunde, die nicht ausgelastet sind, ziehen eher als ausgeglichene Vierbeiner.

Es wäre allerdings recht unfair, einen chronisch unterbeschäftigten Hund zu zwingen, die ganze Zeit im Schritttempo neben Ihnen herzugehen. Überprüfen Sie, ob Ihr Hund seines Alters, seiner Rasse und seines Charakters entsprechend genügend Aufmerksamkeit, Spiel, Auslauf und/oder Beschäftigung erhält.

Langsam gehen ist nicht leicht

Vielen Hunden fällt die langsame Gangart schwer, denn das bevorzugte Lauftempo des Hundes ist viel schneller als das menschliche. Ein Leinenspaziergang heißt für Ihren Hund, ständig im Schneckentempo neben Ihnen herschleichen zu müssen. Gerade für sehr lauffreudige Hunde ist das keine leichte Übung. Viele Menschen sind darüber verwundert, dass sich ihr Hund mit solcher Vehemenz in die Leine hängt, und hoffen darauf, dass er es irgendwann einmal leid wird, sich wie ein Teilnehmer beim Traktor-Pulling zu benehmen.

Die meisten wissen nicht, dass der Hund das Vorwärtskommen als Belohnung empfindet, die die Unannehmlichkeiten, die durch das Ziehen verursacht werden, überwiegt. Außerdem nehmen viele Hunde den Druck oder Schmerz gar nicht mehr wahr, sie stumpfen regelrecht ab.

Ziehen ist erfolgreich

Es gibt noch einen einfachen und plausiblen Grund, warum Ihr Hund zieht: Er hat Erfolg! Es bringt ihn dahin, wo er hinwill – nämlich vorwärts. Dass er dabei seinen Menschen im Schlepptau hat, scheint er überhaupt nicht wahrzunehmen. Erinnern Sie sich noch an das Belohnungskapitel? Er wird nicht nur belohnt, indem er ein Leckerchen erhält, sondern auch, indem er ein bestimmtes Ziel erreicht. In unserem Fall ist das Vorwärtskommen also die Belohnung für das Verhalten, das er zeigt, nämlich das Ziehen.

Sicher vergeben Sie die Belohnung für das Ziehen nicht bewusst. Doch jedes Mal, wenn Ihr Hund zieht und Sie einen Schritt nach vorne gehen, kommt er voran. Sein Ziehen ist also von Erfolg gekrönt, er belohnt sich praktisch selbst durch das Vorwärtskommen. Und so dauert es nicht lange, bis das Ziehen fest in seinem Verhaltensrepertoire verankert ist. Ihr Hund zieht also auch, weil Sie ihn lassen. Nach und nach hat sich an beiden Leinenenden ein bestimmtes Verhalten etabliert. Um dieses Muster zu durchbrechen, müssen auch Sie Ihr Verhalten ändern. Nur so kann es Ihnen gelingen, den Teufelskreis des Ziehens und Selbstbelohnens zu druchbrechen.

Er ist nicht aufmerksam

Schlechte Leinenführigkeit ist allerdings auch ein Problem mangelnder Aufmerksamkeit – zumindest für die Dauer des Spaziergangs. Ihr Hund findet es viel interessanter zu schnuppern und andere Eindrücke zu sammeln, als auf Sie zu achten.

Ein umfassendes Leinentraining sollte daher auch von einer Verbesserung des Grundgehorsams sowie von bindungs- und aufmerksamkeitsfördernden Aktionen begleitet werden, damit ein echtes Team entsteht.

Ihn interessiert gerade alles andere, nur nicht sein Frauchen!

Das Leinentraining

Die gute Nachricht ist: Es ist gar nicht so schwer, eine gute Leinenführigkeit zu erreichen. Die schlechte ist: Es funktioniert nur, wenn Sie sehr viel Konsequenz mitbringen, und das ist gar nicht so einfach.

Die Trainingsdauer

Wie lange das Training dauert, bis Sie harmonisch durch die Straßen schlendern, hängt von verschiedenen Faktoren ab und lässt sich daher nicht pauschal sagen. Zum einen kommt es darauf an, wie oft Sie mit Ihrem Hund üben. Zum anderen spielt der Charakter Ihres Hundes eine Rolle. Ist er eher ein ruhiger Typ oder ein kleiner Wirbelwind? Ist er immer auf dem Sprung, extrem lauffreudig und lässt sich leicht ablenken? Dann werden Sie vermutlich etwas länger trainieren müssen, aber auch so ein Zappelphillip kann lernen, an lockerer Leine zu gehen. Entscheidend ist auch, seit wann der Hund das Verhalten zeigt. Sicherlich braucht ein Hund, der seinen Besitzer schon seit Jahren hinter sich herzieht, länger, als einer, bei dem sich das Verhalten noch nicht so gefestigt hat.

Fangen Sie bei sich an

Ändern Sie Ihr eigenes Verhalten, indem Sie sich nicht mehr ziehen lassen. Sobald sich die Leine nur ein bisschen spannt, bleiben Sie ab sofort abrupt stehen! Ihr Hund hat mit dem Ziehen keinen Erfolg mehr. Ziehen ist plötzlich nicht mehr selbstbelohnend, weil er nicht mehr vom Fleck kommt. Damit steigen die Chancen, dass er dieses Verhalten über kurz oder lang als unbrauchbar ablegt. Gleichzeitig zeigen Sie Ihrem Hund, welches Verhalten ihn weiterbringt: Sobald die Leine locker durchhängt, wird der Spaziergang fortgesetzt. Sein gewünschtes Ziel erreicht er also nur noch über einen Umweg: Wenn er nicht zieht, kommt er voran! Die Botschaft lautet: Ziehen hat keinen Erfolg, langsam gehen und NICHT ziehen hat Erfolg und bringt dich voran.

Um ihm diese Neuerung zu erleichtern und attraktiver zu machen, erhält er zusätzlich eine tolle Futterbelohnung, die später nach und nach reduziert wird.

Die Wahl der richtigen Belohnung

Wie schon beschrieben, ist die Wahl der geeigneten Belohnung für den Trainingserfolg sehr bedeutend. Für das Leinentraining ist die Futterbelohnung am praktikabelsten. Treffen Sie eine sorgfältige Auswahl, denn die Attraktivität der Belohnung kann Ihr Training entscheidend beeinflussen!

> **Tipp — Füttern Sie unterwegs**
> Wenn Ihr Hund zu den Kostverächtern gehört, sollten Sie seine häuslichen Mahlzeiten drastisch reduzieren. Sie können auch dazu übergehen, sein Futter auf die Trainingseinheiten zu verteilen.

Das schmeckt!

Oft höre ich den Satz: „Mein Hund macht sich nichts aus Futter." Meistens stellt sich heraus, dass ihm immer nur die gleichen langweiligen Kekse angeboten wurden. Schauen Sie in die Liste seiner Belohnungsfavoriten – da werden Sie sicher etwas finden, was ihm schmeckt.

Reizvolle Häppchen

Die Belohnung sollte der Aufgabe angemessen sein, und wenn es um die Leinenführigkeit geht, haben Sie eine harte Nuss zu knacken! Sie kämpfen unter Umständen gegen ein sehr fest verankertes Verhalten, und die Konkurrenz durch Ablenkungen auf einem Spaziergang ist groß!

Da ist zum einen der Bewegungsdrang Ihres Hundes, der sich über die Abwechslung und den Auslauf freut, und zum anderen gibt es diese vielen aufregenden Gerüche am Wegesrand. Sicher geht es so oder so ähnlich in seinem Hundekopf vor: „Hat sich da nicht gerade der Hund von nebenan erleichtert? – Und da vorne ist vor kurzem eine Maus gelaufen! Na, da muss ich aber erst mal schnuppern! – Und außerdem will ich rennen! – Oh, guck mal, da ist ja Nachbars Pudel!"

Gekochtes Putenfleisch ist sehr beliebt.

Die Belohnung muss also schon entsprechend reizvoll sein, um mit all diesen spannenden Einflüssen konkurrieren zu können! Nehmen Sie also nicht die gleichen Leckerchen, die er sowieso schon jeden Tag bekommt. Die ist eher langweilig. Außerdem sollte die Belohnung klein sein, damit sie beim Gehen leicht hinuntergeschluckt werden kann, also etwa die Größe einer Erbse haben.

Der Trainingsaufbau
Vorbereitung
Starten Sie in einer ablenkungsarmen Umgebung. Am besten in einer Gegend, die Ihr Hund kennt und in der nicht zu viele andere Hunde herumlaufen, die ihn ablenken könnten. Sie sind mit einem Beutel voller Belohnungen ausgerüstet, Ihr vierbeiniger Trainingspartner trägt ein Brustgeschirr und eine Leine.

> **Tipp**
> **Für die schlanke Linie**
> Wenn Sie oft trainieren und viel belohnen, sorgen Sie sich vielleicht um die Linie Ihres Hundes. Um Figurprobleme zu vermeiden, sollten Sie die entsprechende Menge an Leckerchen von den üblichen Mahlzeiten abziehen. Ihr Hund kann sich einen Teil seines Futters beim Training verdienen.

Die beliebtesten Belohnungen
Bei vielen Hunden haben sich gekochtes und klein geschnittenes Hühnchen- oder Putenfleisch gut bewährt. Auch Hundekekse mit Fischgeschmack (Thunfisch oder Lachs) kommen gut an. Beliebt sind auch Käse, Leber oder Pansenstückchen. Gekochtes Fleisch lässt sich übrigens hervorragend portionsweise einfrieren und bei Bedarf auftauen.

Trotz vieler Futterbelohnungen schlank!

1. Schritt: Sie stehen wie ein Baum

Sobald Sie nun ein paar Schritte vorwärts gehen, wird er lostürmen und sich in die Leine hängen. In dem Moment, in dem die Leine spannt, bleiben Sie SOFORT wie angewurzelt stehen. Achten Sie darauf, dass Ihr Arm dem Leinenzug nicht nachgibt, wenn Sie stehen geblieben sind, denn dann hätte sein Ziehen Erfolg. Unsere Botschaft, „Du kommst nur weiter, wenn die Leine locker ist", erreicht ihn nicht eindeutig, wenn Ihr Arm noch einen halben Meter nachgibt. Es ist jedoch notwendig, dass Sie absolut klar und konsequent in Ihren Anweisungen und in Ihren Handlungen sind. Vermeiden Sie unbedingt widersprüchliches Verhalten. Das sorgt nur für unnötige Verwirrung und erschwert das Training! Wenn es Ihnen schwer fällt, den Arm ruhig zu halten, kann eine Bauchleine helfen: Binden Sie sich die Leine um den Bauch oder an Ihren Gürtel. Beachten Sie dabei, dass der Abstand etwa Ihrer Armlänge entspricht. Mit der Bauchleine wird sichergestellt, dass es für Ihren Hund keinen Schritt mehr weitergeht, sobald Sie stehen bleiben.

2. Schritt: Schau mir in die Augen, Kleiner!

Als Nächstes warten Sie so lange, bis er ein paar Schritte zurückgeht, sodass sich die Leine lockert und er Blickkontakt mit Ihnen aufnimmt.

3. Schritt: Locker losgehen

Genau in diesem Moment setzen Sie Ihren Weg fort. Gehen Sie nicht weiter, wenn die Leine zwar locker durchhängt, der Blick des Hundes jedoch wieder abschweift. In diesem Fall warten Sie, bis er Sie erneut ansieht, um sich dann in Bewegung zu setzen.

Keine Sorge, Ihr Hund muss Sie später nicht ständig anstarren! Er soll lediglich lernen, dass es sich lohnt, sich an Ihnen zu orientieren.

Auch im umgekehrten Fall geht es nicht vorwärts: Wenn Ihr Hund Sie zwar ansieht, die Leine aber gespannt ist, bleiben Sie ebenfalls stehen, bis beide Anforderungen erfüllt werden. Nur dann geht es weiter.

Seien Sie geduldig

Bis sich die Leine etwas lockert, kann durchaus ein Weilchen vergehen. Vermutlich wird Ihr Hund zuerst ein paar andere Strategien ausprobieren.

Wenn der Hund zieht, bleiben Sie stehen. Achten Sie darauf, dass Ihr Arm nicht nachgibt. Erst wenn die Leine locker durchhängt und der Hund Blickkontakt aufnimmt, geht es weiter.

Mit Anlauf voran

Sein Favorit ist wahrscheinlich, ein paar Schritte zurückzugehen, um mit Anlauf nach vorn zu sprinten und erneut zu ziehen. Wundern Sie sich nicht, wenn er diese Taktik mit aller Vehemenz anwenden wird – schließlich hat das bisher immer wunderbar funktioniert und ihn über Jahre vorangebracht. Bleiben Sie ruhig stehen und warten Sie, irgendwann wird er seine Taktik ändern! Vielleicht beginnt er zu bellen, vielleicht setzt er sich hin. Vielleicht wird er ein wenig herumtrippeln oder ein paar Schritte zurückgehen. Sie bleiben immer noch stehen, bis er Blickkontakt zu Ihnen aufnimmt, denn er soll lernen, auf Sie zu achten. Wenn gar nichts passiert und er stundenlang dasitzen und nach vorne starren sollte, können Sie ihm auf die Sprünge helfen, indem Sie ihn ansprechen oder kurz mit der Zunge schnalzen. Sobald er sich Ihnen ein wenig genähert und Blickkontakt zu Ihnen aufgenommen hat, gehen Sie weiter.

4. Schritt: Stop and go

Sobald Sie an lockerer Leine einen Schritt gehen, wird er vermutlich schnurstracks nach vorne hechten und erneut die Leine spannen. Sie bleiben sofort wieder stehen. Sprechen Sie nicht mit ihm – geben Sie Ihrem Hund die Gelegenheit, selbst auf die richtige Lösung zu kommen! Sie warten wieder, bis sich die Leine lockert und Ihr Hund Blickkontakt aufnimmt, bevor Sie Ihren Weg fortsetzen. In der Regel dauert es nicht lange, bis der Hund das Prinzip begriffen hat: Sobald die Leine spannt, kommt er zurück und sieht Sie an, damit Sie weitergehen. Das ist ein erster Erfolg, aber wir wollen mehr! Schließlich soll der Hund nicht wie ein Flummi zwischen dem Leinenende und unseren Beinen hin- und herspringen, sondern in gleichmäßigem Tempo neben uns hergehen.

5. Schritt: Loben nicht vergessen

Um es Ihrem Hund so einfach wie möglich zu machen, loben Sie ihn für jeden Schritt, den er an durchhängender Leine zurücklegt. Zwischendurch erhält er kleine Belohnungshäppchen, wenn ihm ein paar ruhige Schritte gelungen sind. Prescht er nach vorne, bleiben Sie sofort wieder stehen und warten auf seinen Blickkontakt und die lockere Leine.

Blitzmerker und lange Leitungen

Manche Hunde begreifen relativ schnell, dass sie die Dynamik des Spaziergangs gestalten können, und disziplinieren sich selbst. Sobald sie kurz vor dem Leinenende anlangen, bremsen sie ab und wenden sich ihrem Menschen zu.

Das Leinentraining

Für diese Hunde gilt: Jeder Schritt an der locker durchhängenden Leine wird gebührend gelobt und mit einem Leckerchen sowie Weitergehen belohnt! Jedes Ziehen wird mit Stehenbleiben und einer Unterbrechung der Leckerchenzufuhr geahndet!

Für andere Hunde hingegen könnte das Spielchen ewig so weitergehen: ins Leinenende laufen, zurückspringen, Blickkontakt aufnehmen und wieder nach vorne preschen – ohne einen einzigen ruhigen Schritt zwischendurch! Durch diesen Ablauf haben wir noch nicht viel gewonnen.

Langfristig wollen wir aus diesem Stop and go einen flüssigen Spaziergang machen, denn wir wollen einen zufriedenen nebenhertrottenden Hund und kein Jojo! Dafür bedienen wir uns einer Variante, die ein flüssigeres Training ermöglicht:

Trainingsvariante für Ungeduldige

Bei dieser Übung geht es darum, die Chancen für richtiges Verhalten zu erhöhen und dafür eine Belohnung zu vergeben. Dabei helfen uns Richtungswechsel und Leckerchen, um den Vierbeiner zu überzeugen.

Auch eine Belohnung: Gemeinsam ein Stück rennen

Wenn der Hund mit seinem Menschen gleichauf ist, fliegt das Leckerchen nach hinten.

So wurde das Überholmanöver des Hundes erfolgreich unterbrochen.

Vorbereitung

Nehmen Sie erstklassige Leckerchen, die Ihren Hund fast aus den Pfoten hauen, und starten Sie in ablenkungsarmer Umgebung.

1. Schritt: Kurz kehrt

Sie gehen gemeinsam los, Ihr Hund ist angeleint. Sobald er an Ihnen vorbeiprescht, vollziehen Sie eine 180°-Wende und setzen Ihren Weg in entgegengesetzter Richtung fort.

2. Schritt: Überholverbot

Will Ihr Hund nach alter Gewohnheit die Führung übernehmen, muss er Sie überholen. Passen Sie den Moment ab, in dem er sich auf gleicher Höhe befindet, und loben Sie ihn so überschwänglich, dass Sie seine Aufmerksamkeit bekommen. Dabei werfen Sie vor seinen Augen ein besonders gutes Leckerchen nach hinten, und zwar so, dass er es noch gut mit der ihm zur Verfügung stehenden Leinenlänge erreichen kann.

3. Schritt: Fliegende Leckerchen

Ihr Hund hat das Leckerchen gefressen und befindet sich noch hinter Ihnen, während Sie weitergehen. Prescht er an Ihnen vorbei, erhält er eine neue Chance, die Übung erneut zu absolvieren. Sobald er Ihre Höhe erreicht, werfen Sie wieder ein Leckerchen hinter sich, das er aufsammeln darf. Wichtig ist, dass die Leckerchen am Anfang jedes Mal nach hinten fliegen, wenn sich Ihr Hund auf Ihrer Höhe befindet – auch wenn das bedeutet, dass Sie im Sekundentakt mit Leckerchen um sich werfen.

Das Leinentraining 75

Angenehmer Nebeneffekt: Das menschliche Leinenende wird plötzlich viel interessanter!

Das „Weiter-so-Signal"

Mit dem „Fein" haben Sie gleichzeitig ein „Weiter-so-Signal" eingeführt, das Sie auch später gut gebrauchen können, sobald die Belohnungshäufigkeit reduziert wird. Während das „Fein" zu Beginn fast zeitgleich mit der Leckerchengabe erfolgt, sollten Sie später die Zeitspanne zwischen Lob und Belohnung erhöhen.

Ihr Hund wird am Anfang regelmäßig versuchen, nach vorne zu laufen, um sich in die Leine zu hängen. Achten Sie daher auf eine hohe Leckerchenfrequenz, die Ihren Hund immer wieder hinter Sie manövriert. Sollten Sie den richtigen Moment verpassen und Ihr Hund schießt nach vorne, bevor Sie reagieren können, kehren Sie einfach um, sodass sich Ihr Hund durch den Richtungswechsel wieder hinter Ihnen befindet.

> **Tipp**
> **Ein paar Wiederholungen reichen**
> Bei dieser Übung ist es wichtig, dass Sie Ihren Hund nicht überstrapazieren. Ein paar Wiederholungen reichen am Anfang. Hören Sie auf jeden Fall auf, bevor er das Interesse an den fliegenden Leckerchen verliert!

4. Schritt: Lobeshymnen und Belohnung

Wenn Sie das einige Male geübt haben, wird Ihr Hund seinen Gang auf Ihrer Höhe verlangsamen – in Erwartung auf ein fliegendes Leckerchen. Sobald das geschieht, loben Sie ihn überschwänglich für sein grandioses Verhalten. Zeigen Sie ihm, wie begeistert Sie von ihm sind. Jetzt ist es Zeit für die nächste Leckerei aus Ihrem Belohnungsbeutel. Währenddessen gehen Sie langsam weiter. Beeindrucken Sie ihn so sehr mit Ihren Lobeshymnen, dass er vergisst, nach vorne zu sprinten, sondern abwartet, was von Ihnen zu erwarten ist. Sie enttäuschen ihn natürlich nicht. Für jeden Schritt an der lockeren Leine erhält er die Bestätigung, dass sein Verhalten richtig ist, indem Sie ihn überschwänglich loben („Fein") und fürstlich belohnen.

Das richtige Timing

Denken Sie daran, dass Ihr Lob zum richtigen Zeitpunkt erfolgen muss, damit das Training erfolgreich verläuft. Ansonsten wird er vielleicht für ein Verhalten belohnt, das Sie gar nicht wollen.

Übung: Anzeichen erkennen

Vielleicht wollen Sie ihn dafür loben, dass er so schön neben Ihnen geht, und damit ankündigen, dass er auf dem besten Weg ist, sich ein erstklassiges Leckerchen zu verdienen. Doch in dem Moment, in dem Sie Luft holen, prescht er nach vorne, und Ihr „Fein" erreicht ihn, wenn er bereits wieder in der Leine hängt. Man braucht nicht zu erwähnen, dass das Lob in dieser Situation kontraproduktiv ist!

Es kann Ihnen im Laufe des Trainings immer wieder passieren, dass er seine Aufmerksamkeit anderen Dingen zuwendet, besonders wenn die Ablenkungsreize zunehmen. Beobachten Sie Ihren Hund genau: Wie sieht er aus, kurz bevor er losstürmt? Welche Muskeln regen sich? Wohin richtet sich sein Blick? So lernen Sie erste Anzeichen zu erkennen, wenn seine Konzentration nachlässt, und Sie können seine Aufmerksamkeit durch ein Zungenschnalzen rechtzeitig auf sich lenken. Reagiert er, hat er sich eine Belohnung verdient.

Leckerchengaben reduzieren

Wenn er bei Ihnen bleibt, nach den Belohnungen schielt und das Ziehen vergisst, erhöhen Sie den Abstand zwischen den Leckerchen ein wenig. Gehen Sie langsam vor. Jetzt belohnen Sie nicht mehr jeden einzelnen Schritt, sondern überbrücken die Zeit bis zum nächsten Leckerbissen durch Ihr „Weiter-so-Signal" „Fein". Nach und nach werden die Abstände zwischen den Belohnungen größer.

Funktioniert das gut, können Sie in etwas größeren Abständen loben. Jeder Fortschritt, den Ihr Hund macht, wird zum neuen Standard für das weitere Training erhoben. Erst wenn Sie die Anforderung an Ihren Hund erhöhen, weil Sie beispielsweise in eine belebtere Umgebung wechseln, sollten Sie den Standard kurzfristig wieder um einen Schritt herabsetzen.

Eigenständige Rückorientierung

Immer wenn sich Ihr Hund unaufgefordert zu Ihnen umdreht oder Blickkontakt aufnimmt, sollten Sie das honorieren. Schließlich ist die Rückorientierung der Schlüssel für einen aufmerksamen Leinenspaziergang. Geben Sie ihm eine Handvoll Leckerchen oder etwas Außergewöhnliches, um ihm zu zeigen, dass sich seine Aufmerksamkeit auszahlt!

Wenn er sich im weiteren Verlauf öfter zu Ihnen wendet, variieren Sie Ihre Reaktion: Einmal erhält er ein Leckerchen, einmal loben Sie ihn, und ein anderes Mal gehen Sie einfach weiter.

Umgebungswechsel

Bisher befanden wir uns an einem Ort, der für Ihren Hund nicht sonderlich aufregend ist. Jetzt ist es an der Zeit, den Grad der Ablenkung zu steigern. Suchen Sie nun neue Umgebungen, um zu trainieren.

Wahrscheinlich werden Sie die Belohnungshäufigkeit in der neuen Umgebung erhöhen müssen. Wenn Sie unter größerer Ablenkung trainieren, können Sie den vorher beschriebenen Übungsaufbau bei Bedarf wiederholen. Damit erleichtern Sie Ihrem Hund das zuvor gelernte Verhalten auf den neuen Übungsort zu übertragen.

Machen Sie die Belohnungshäufigkeit vom Verhalten Ihres Hundes abhängig. Fällt es ihm leicht, die neuen Spielregeln auf andere Orte zu übertragen, brauchen Sie nicht alle Schritte von Anfang an zu wiederholen. Hat er jedoch Probleme zu generalisieren, helfen Sie ihm durch eine kurzfristige Erhöhung der Belohnungsrate in trainingsfremden Situationen und gehen Sie in Ihren Erwartungen einen Schritt zurück.

Seien Sie konsequent!

Sie bleiben weiterhin IMMER stehen, wenn die Leine spannt. Für den Erfolg des Trainings ist absolut entscheidend, dass Sie die Grundregel „Leine straff: Stehen" – „Leine locker: Gehen" immer beachten, wenn Sie mit Ihrem Hund unterwegs sind – und zwar nicht nur zu den ausgewiesenen Trainingszeiten.

Auch wenn Sie es eilig haben und nur schnell zum Gassi gehen um den Block wollen, müssen Sie sich an die Regel halten und ebenso andere Familienmitglieder, die mit Ihrem Hund unterwegs sind. Zu Beginn des Trainings werden Sie nicht zügig vorankommen. Ihr Spaziergang wird von vielen Unterbrechungen begleitet sein.

Tipp
Hier können Sie üben
Wenn Ihnen das ständige Stehenbleiben in Ihrer gewohnten Umgebung zu unangenehm ist oder zu viele Ablenkungen vorhanden sind, fahren Sie mit Ihrem Hund in eine ablenkungsärmere Gegend, bis Sie weiter fortgeschritten sind. Suchen Sie sich eine ruhige Wiese oder einen wenig frequentierten Weg mit möglichst wenig Ablenkung. Vorteilhaft ist, wenn Ihr Hund die Umgebung recht gut kennt und diese nicht mehr so spannend findet.

Langsam gehen für Fortgeschrittene

Hat Ihr Hund das Trainingsprinzip verinnerlicht, genügt es schon, wenn Sie Ihren Schritt verlangsamen, sobald er sein Tempo beschleunigt. Anstatt stehen zu bleiben, gehen Sie langsam weiter und werden wieder schneller, wenn die Leine locker ist. Ist die Leine gespannt, müssen Sie wieder stehen bleiben. Die meisten Hunde reagieren jedoch schon darauf, wenn ihr Mensch einen Gang herunterschaltet und verlangsamen ihren Schritt, bevor sie in das Leinenende laufen! Ihr Hund findet schnell heraus, wie groß der ihm zur Verfügung stehende Radius ist. Dann wird aus den vielen Unterbrechungen bald ein flüssiger Spaziergang!

Übung: „Rückschritte"

Diese Übung stammt ursprünglich aus dem Clickertraining und eignet sich sowohl im heimischen Garten als auch für unterwegs.

1. Schritt: Ein Käseteller wird platziert

Ihr Hund befindet sich neben Ihnen und ist angeleint. Zeigen Sie ihm ein begehrenswertes Objekt, zum Beispiel einen kleinen Teller mit leckeren Käsewürfeln oder Fleischwurststückchen, und platzieren. Sie dieses vor seinen Augen in ungefähr zehn Metern Abstand. Ihr Hund sollte währenddessen an derselben Stelle verharren und auf Sie warten, bis Sie zu ihm zurückkehren.

Gestaltet sich das schwierig, weil Sie mit Ihrem Sitz-Bleib-Training noch nicht so weit sind, bitten Sie eine Hilfsperson, Ihren Hund so lange festzuhalten, bis Sie den Teller mit den Leckereien deponiert haben und wieder bei ihm sind.

2. Schritt: Annäherungen
Gehen Sie nun mit Ihrem Hund auf den Teller zu. Sie gehen nur weiter, wenn die Leine locker durchhängt.

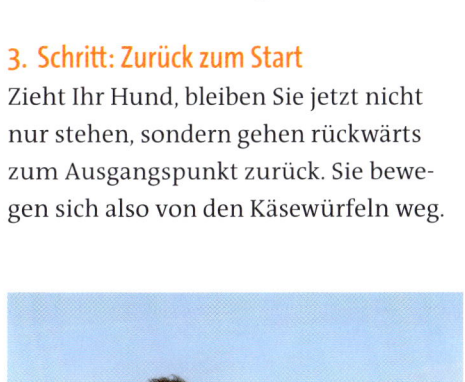

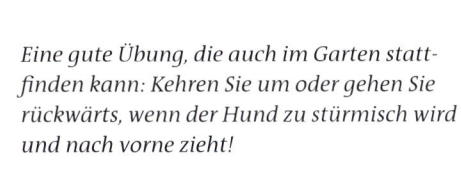

3. Schritt: Zurück zum Start
Zieht Ihr Hund, bleiben Sie jetzt nicht nur stehen, sondern gehen rückwärts zum Ausgangspunkt zurück. Sie bewegen sich also von den Käsewürfeln weg.

4. Schritt: Ziel erreicht
Bleibt die Leine locker, gehen Sie so lange auf den Teller zu, bis Sie Ihr Ziel erreichen. Nun wird Ihr Hund gelobt und darf zur Belohnung ein paar Käsewürfel oder Wurststückchen fressen.

Auch hier gilt wieder: Passen Sie die Übung an Ihre persönlichen Umstände an! Kann Ihr Hund vor lauter Aufregung über die tollen Käsewürfel keinen klaren Gedanken fassen, greifen Sie auf einen für ihn weniger spektakulären, aber dennoch attraktiven Anreiz zurück. Und wenn ihm Käse herzlich egal ist, nehmen Sie etwas anderes, von dem Sie wissen, dass er es mag.

Eine gute Übung, die auch im Garten stattfinden kann: Kehren Sie um oder gehen Sie rückwärts, wenn der Hund zu stürmisch wird und nach vorne zieht!

Eine Hand hält die Handschlaufe, die andere den Rest der Leine.

Ist der Hund unaufmerksam, wird der aufgewickelte Teil der Leine fallen gelassen.

Rückwärts gehen

Das Rückwärtsgehen aus der vorhergehenden Übung lässt sich hervorragend auf reale Situationen während eines Spaziergangs übertragen und als Variante zum Stehenbleiben nutzen.

Wenn Ihr Hund in eine bestimmte Richtung zieht, weil er unbedingt an der nächsten Laterne schnuppern will, bleiben Sie nicht nur stehen, sondern gehen ein paar Schritte zurück.

Damit verwehren Sie Ihrem Hund nicht nur sein erklärtes Ziel – nämlich die Laterne zu erreichen beziehungsweise voranzukommen –, sondern vergrößern den Abstand. Anschließend gibt es einen erneuten Versuch, bei dem Sie jeden Schritt an lockerer Leine loben und weiterhin auf das begehrte Objekt zugehen. So hat Ihr Hund sein gewünschtes Ziel stets vor Augen und erhält immer wieder eine neue Chance, es zu erreichen, allerdings langsam.

Übung: Aufmerksamkeitstraining an der Schleppleine

Wie wir gesehen haben, zeigen Hunde, die an der Leine ziehen, keine Aufmerksamkeit ihrem Menschen gegenüber. Mit dieser Übung wird Ihrem Hund vermittelt, besser auf Sie zu achten, wenn Sie unterwegs sind. Er lernt, dass es sich auszahlt, wenn er nach Ihnen sieht. Unaufmerksamkeit bringt ihn hingegen in eine unangenehme Lage. Ihr Hund sollte für diese Übung ein Brustgeschirr tragen.

Vorbereitung

Für diese Übung brauchen Sie eine ca. 5 Meter lange Schleppleine mit Ruckdämpfer, den Sie zwischen Leine und Brustgeschirr haken. Wickeln Sie die Leine auf und halten Sie diese in der Hand, an deren Seite Ihr Hund gehen soll. Halten Sie die Handschlinge fest in der anderen Hand.

Der Mensch läuft vom Hund aus gesehen in die entgegengesetzte Richtung.

Sobald der Hund seinen Menschen erreicht, folgen Lob, Leckerchen oder ein Spiel.

1. Schritt: Los geht's
Nun gehen Sie gemeinsam los.

2. Schritt: Fallen lassen
Sobald er sich anderen Dingen zuwendet und von Ihnen wegdriftet, lassen Sie die aufgewickelte Leine fallen. Sie halten jetzt nur noch die Handschlinge fest. Gleichzeitig kehren Sie um und entfernen sich schnell von Ihrem Hund. Achten Sie darauf, dass Sie die Leine wirklich nur fallen lassen und nicht etwa werfen. Ihr Hund soll sich dabei nicht erschrecken.

3. Schritt: In die andere Richtung laufen
Laufen Sie von Ihrem Hund weg, auch wenn die Leine gespannt ist. Ruckdämpfer und Brustgeschirr mildern die Belastung für den Hund ab.
Wenn Ihr Hund die Einwirkung der Schleppleine wahrnimmt, wird er sich – mehr oder weniger schnell – in Ihre Richtung bewegen.

4. Schritt: Loben!
Sobald er bei Ihnen angekommen ist, loben und belohnen Sie ihn überschwänglich!

In der Regel reichen wenige Wiederholungen aus, bis der Hund das Prinzip dieser Übung verstanden hat. Das merken Sie daran, dass er immer schneller nach dem Fallenlassen der Leine reagiert. Sie müssen gar nicht so weit zurückgehen, weil Ihr Hund Ihnen folgen wird, bevor die volle Leinenlänge ausgeschöpft ist! Da Sie immer dann zurücklaufen, wenn sich die Leine spannt, wird sich Ihr Hund bald nach Ihnen umsehen, bevor Sie durchstarten müssen. Diese Gelegenheiten der eigenständigen Rückorientierung Ihres Hundes sollten Sie nutzen, denn es gilt auch hier: Besonders schnelle oder gute Reaktionen und besondere Aufmerksamkeit werden besonders belohnt!

Hörzeichen einführen

Mit fortschreitendem Training entsteht eine neue Assoziation: Im Laufe der Zeit begreift Ihr Hund, dass er immer langsam gehen soll, wenn er sich an der Leine befindet. Die Leine wird zum Signal, ruhig und langsam zu gehen. Wenn Sie möchten, können Sie noch ein verbales Signal einführen, mit dem Sie ihn an das neue Tempo erinnern können, wenn er seinen Schritt beschleunigt. Statt stehen zu bleiben, wenn er in die Leine läuft, können Sie schon vorher das neue Hörzeichen für langsames Gehen sagen und ihn so abfangen, bevor er das Ende der Leine erreicht.

Überlegen Sie sich ein Wort, das Sie als neues Hörzeichen verwenden wollen. Ich benutze das Wort „langsam".

Sobald Ihr Training so weit fortgeschritten ist, dass Ihr Hund schon ein paar Schritte ohne zu ziehen neben Ihnen hergehen kann, können Sie mit der Einführung des Hörzeichens beginnen. In den Phasen, in denen er an lockerer Leine neben Ihnen hertrottet, sagen Sie „langsam" und loben ihn.

Wenn er schneller geht, werden Sie langsamer, damit auch Ihr Hund das Tempo drosseln muss. Wenn er seine Geschwindigkeit reduziert, sagen Sie wieder „langsam", loben und belohnen ihn.

Durch entsprechende Wiederholungen etablieren Sie das neue Hörzeichen. Ob es schon fest verankert ist, erkennen Sie daran, dass er auf dem Weg zum Leinenende bereits auf Ihr „langsam" reagiert und seinen Schritt verlangsamt.

Möglicher Trainingsplan zur Leinenführigkeit — 1. Etappe

Was soll erreicht werden?
Der Hund soll erkennen, dass er den Fortgang des Spaziergangs entscheidend beeinflussen kann, indem er die Leine lockert und sich an seinem Menschen orientiert.
Ziel: Ziehen des Hundes soll vermieden werden.

Wie?
Sobald der Hund vorprescht und sich die Leine spannt: BLEIBEN SIE IMMER STEHEN!
Warten Sie, bis sich die Leine lockert und der Hund Blickkontakt aufnimmt. In diesem Moment loben Sie und gehen weiter.
Jeden Schritt an lockerer Leine wird durch Lob und Leckerchen belohnt.
Besonderes Lob und Leckerchen erhält der Hund, sobald er selbständig darauf achtet, nicht zu ziehen.
Läuft er immer wieder in die Leine, vollziehen Sie eine 180°-Wendung und gehen in entgegengesetzter Richtung weiter.
Ist der Hund auf gleicher Höhe angelangt, werfen Sie vor seinen Augen ein attraktives Leckerchen hinter sich. Lassen Sie den Hund nach hinten laufen, um das Leckerchen aufzunehmen. (Die Leine sollte dafür natürlich nicht zu kurz sein.)
Wiederholen Sie den letzten Schritt, sobald der Hund auf gleicher Höhe ist.
Wenn der Hund auf gleicher Höhe langsamer wird, um auf sein fliegendes Leckerchen zu warten, erfolgen Lob („Fein") und Leckerchen bei jedem Schritt an lockerer Leine.
Hält er ein paar Schritte durch, bekommt er nicht mehr bei jedem Schritt ein Leckerchen, sondern eine verbale Bestätigung. Das Lob „Fein" soll ihm signalisieren, dass er auf dem richtigen Weg ist. So wird die Dauer bis zur nächsten Belohnung langsam gesteigert.

Welches Signal?
„Fein" als Weiter-so-Signal

Wo?
Ruhige, ablenkungsarme Umgebung ☐	Verschiedene Tageszeiten in gleicher Umgebung ☐
Feldwege ☐	Innenstadt abends nach Geschäftsschluss ☐
Sportplatz außerhalb der Trainingszeiten ☐	Im Park ☐
Übliche Gassi-Runde	

Bemerkungen
Wenn Sie keine Möglichkeit haben, die Orte Ihrer Leinen-Spaziergänge gezielt auszuwählen, müssen Sie immer und überall stehen bleiben, sobald Ihr Hund zieht. Haben Sie es eilig, verwenden Sie eine Flexileine und ein anderes Halsband oder Geschirr. Dann kann der Hund unterscheiden, ob er im Training steht oder ausnahmsweise ziehen darf.

Notizen

Möglicher Trainingsplan zur Leinenführigkeit — 2. Etappe

Was?
Der Hund lernt nun, dass er durch das Ziehen nicht nur am Weitergehen gehindert wird, sondern sich von seinem Ziel entfernt.
Ziel: Rückwärts gehen wird etabliert

Wie?
In 10 Metern Entfernung wird vor den Augen des Hundes etwas deponiert, das er besonders attraktiv findet. Der Hund wartet am Ausgangspunkt.
Sie gehen gemeinsam mit dem angeleinten Hund vom Startpunkt aus los.
Sobald die Leine spannt, gehen Sie rückwärts zum Startpunkt zurück, um erneut loszugehen.
Geht der Hund an lockerer Leine, gehen Sie auf die Belohnung zu.
Wird das Ziel mit lockerer Leine erreicht, erhält der Hund das begehrte Objekt.

Das Rückwärtsgehen kann auch während der Spaziergänge genutzt werden.

Welches Signal?

Wo? ☑
Die Eingangsübung: im Garten, im Park, wo genügend Platz ist ☐
Das Rückwärtsgehen auch bei den üblichen Spaziergängen einbauen ☐

Bemerkungen
Das „begehrte Objekt" muss nicht unbedingt etwas Essbares sein. Wenn Ihr Hund sich draußen eher von einem Spielzeug begeistern lässt, dann deponieren Sie sein Lieblingsspielzeug. Er sollte sehr daran interessiert sein. Als Belohnung kann dann ein schönes Spiel am Ende der Übung stehen.

Notizen

Möglicher Trainingsplan zur Leinenführigkeit — 3. Etappe

Was?
Der Hund sollte von sich aus langsam gehen, sobald er angeleint ist.
Es wird ein Hörzeichen als Signal für das Langsamgehen eingeführt.
Ziel: Der Hund soll stets an lockerer Leine gehen.

Wie?
Jede unaufgeforderte Rückorientierung wird besonders honoriert.
Die Ablenkung wird kontinuierlich gesteigert.
Bevor der Hund ins Leinenende läuft, werden Sie langsamer.
Abstand zwischen den Weiter-so-Signalen vergrößern.
Bei jedem Ziehen bleiben Sie weiterhin stehen.
Zusätzliches Aufmerksamkeitstraining mit der Schleppleine einbauen.

Welches Signal?
„Langsam"

Wo? ☑
- In verschiedenen Gegenden zu unterschiedlichen Zeiten ☐
- In belebten Parks ☐
- In der Stadt ☐
- Im Naherholungsgebiet ☐
- Immer und überall ☐

Bemerkungen
Schwierigkeitsgrad der Ablenkungen langsam steigern.
Nach und nach werden die Abstände zwischen den Belohnungen immer größer. Die Belohnungen sollten schließlich keinem erkennbaren Muster mehr folgen, bis sie nur noch gelegentlich eingesetzt werden.
Lassen Sie sich nicht in die Karten sehen, wann Sie den nächsten Leckerbissen rausrücken.

Notizen

Troubleshooting: Wenn er trotzdem zieht

Sie haben alles befolgt, doch es klappt immer noch nicht? Kein Problem. In diesem Kapitel überlegen wir noch einmal gemeinsam, woran es liegen könnte.

Hilfe, mein Hund zieht immer noch!

Wenn Sie das Gefühl haben, dass Ihre Bemühungen gar nicht fruchten, sollten Sie Ihren Trainingsaufbau noch einmal unter die Lupe nehmen: Sind Sie wirklich in kleinen Schritten vorgegangen? Waren Sie tatsächlich immer konsequent? Überprüfen Sie, ob sich auch alle anderen, die Umgang mit Ihrem Hund haben, an die Trainingsregeln halten. Probieren Sie andere Formen der Belohnung aus, vielleicht gibt es ja noch attraktivere Anreize für Ihren Hund. Vielleicht braucht Ihr Hund einfach etwas mehr Bewegung. Und sorgen Sie dafür, dass Ihr Hund auch geistig ausgelastet ist. Überprüfen Sie auf jeden Fall noch einmal Ihr Timing. Kann es sein, dass Sie ihn immer genau im falschen Moment bestärken?

Die Sache mit dem „Löschungstrotz"

Wenn Sie in den ersten Tagen den Eindruck hatten, es laufe ganz gut, doch dann fing Ihr Hund wieder an zu ziehen, dann halten Sie auf jeden Fall durch! Wenn Sie in den ersten beiden Tagen bereits Erfolg hatten, sind Sie auf dem richtigen Weg. Befolgen Sie konsequent Ihr neues Verhaltensmuster. Oftmals wird ein Verhalten, mit dem Ihr Hund Erfolg hatte, verstärkt gezeigt, bevor es verschwindet („Löschungstrotz"). Es ist ungefähr so, als würde Ihr Hund denken: „Hey, das hat doch sonst immer funktioniert. Geht das jetzt wirklich nicht mehr? Es muss doch klappen ..."
Gehen Sie in diesem Fall ruhig einen Schritt zurück, aber bleiben Sie hartnäckig. Wenn Sie jetzt nur einmal nachgeben, war alles umsonst.

Wenn der Trainingsplan nicht eingehalten werden kann

Es kommt vor, dass Sie mit Ihrem Hund unterwegs sind und sich gerade nicht an Ihren Trainingsplan halten können, weil Sie zum Beispiel unter großem Zeitdruck stehen. Dafür empfiehlt es sich, für solche Situationen bestimmte Rituale einzuführen, Sie benutzen zum Beispiel immer eine bestimmte Leine. Sie könnten in Situationen, in denen Sie nicht trainieren wollen, beispielsweise auf eine Flexileine zurückgreifen, mit der Sie Ihrem Hund signalisieren, dass er sich nun nicht an Ihre neuen Regeln halten muss. An der Lederleine hingegen gelten diese Regeln immer!

Oder Sie verwenden im Alltag ein Brustgeschirr, während Sie im Training ein breites Halsband benutzen.

Wichtig ist, dass Ihr Hund die Situationen klar unterscheiden kann. Wenn Sie beim Training und im Alltag unterschiedliche Ausrüstungen benutzen, hilft ihm das. Ihr Hund ist nämlich durchaus in der Lage, diesen Unterschied zu registrieren und zu erkennen, dass ihm das Ziehen in Kombination mit bestimmten Dingen gestattet wird, obwohl ansonsten andere Regeln gelten.

Ideal ist das natürlich nicht, und am besten vermeiden Sie solche Sondersituationen in Ihrem eigenen Interesse.

Das Kopfhalfter hält die meisten Hunde vom Ziehen ab.

Denn wenn Ihr Hund lernt, dass Ziehen unter bestimmten Umständen in Ordnung ist und in anderen nicht, wird er das Verhalten nie vollständig ablegen.

Ein Kopfhalfter verwenden

Bitte gehen Sie bei der Gewöhnung wie Seite 43 beschrieben vor. Wenn Sie mit dem Kopfhalfter arbeiten wollen, benötigen Sie eine Leine mit zwei unterschiedlich großen Karabinerhaken. Den kleineren haken Sie am Ring des Kopfhalfters ein, den größeren am Brustgeschirr beziehungsweise am Halsband. So können Sie die Richtung vorgeben. Der Einsatz eines Kopfhalfters ist vor allem bei ungünstigen Kräfteverhältnissen empfehlenswert

Der Leinenkasper

Ihr Hund zieht nicht? Prima! Aber er gehört zu den Kandidaten, die eine riesige Show abziehen, sobald es losgeht oder unterwegs stockt? Wie Sie Ihren Leinenkasper zum geduldig wartenden Hund erziehen, lesen Sie hier.

Warten lernen

Neben dem Ziehen können natürlich auch noch weitere Probleme an der Leine auftreten. Vielleicht sieht Ihr Hund den gemeinsamen Spaziergang als seine persönliche Unterhaltungsshow an, bei der Sie als Alleinunterhalter fungieren. Solange es weitergeht, gibt es keine Schwierigkeiten. Doch wenn Sie eine Pause einlegen, um sich vielleicht mit jemandem zu unterhalten, verwandelt sich Ihr freundlicher Vierbeiner in einen Tyrannen. Er wird unruhig, jammert, bellt und zieht alle Register, um zu signalisieren, dass er sich langweilt und nun endlich weiter möchte.

Natürlich soll Ihr Hund seine Spaziergänge genießen dürfen, doch er sollte Unterbrechungen tolerieren und solange geduldig abwarten, bis Ihr Gespräch beendet ist.

Es kommt darauf an, dass Sie nicht im falschen Moment weitergehen. Belohnen Sie ihn auch nicht mit Ihrer Aufmerksamkeit. Passen Sie einen Moment ab, in dem er sich ruhig verhält, und nutzen Sie diese Gelegenheit, um Ihren Spaziergang fortzusetzen.

Übungen für zu Hause

Sie können auch zu Hause üben: Legen Sie ihm zwischendurch einfach mal die Leine an. Anstatt nach draußen zu gehen, setzen Sie sich wieder auf das Sofa und lesen ein Buch. Schenken Sie dem Drängeln Ihres Hundes keine Beachtung! Wenden Sie sich ihm erst zu, wenn er sich ruhig verhält, loben Sie ihn mit ruhiger Stimme oder legen Sie ihm ein Leckerchen zwischen die Pfoten. So bringt er die Leine nicht zwangsläufig mit Aufbruch in Verbindung.

Friedlich
an der Leine

Das Ziel: Leinenaggression abbauen

Beim Anblick eines Artgenossen geraten leinenaggressive Hunde völlig aus dem Häuschen. Da wird gebellt, gezerrt und herumgepöbelt – kein Spaß für Hund und Mensch. In diesem Kapitel finden Sie viele Tipps und Trainingsvorschläge, wie Sie Ihren Leinenrüpel in einen braven Hund verwandeln können.

Was Leinenaggression bedeutet

Hinter dem Begriff Leinenaggression verbirgt sich für betroffene Hundehalter ein ernstes Problem, das massive Einschränkungen für Hund und Mensch mit sich bringen kann. Schon beim Gedanken an die nächste Gassirunde bekommt mancher Hundhalter feuchte Hände und weiche Knie: Hoffentlich kommt uns kein Hund entgegen! Und manche Krawallnudel darf nur noch in den umzäunten Garten, da Herrchen oder Frauchen sich kaum noch auf die Straße traut. Doch damit wird das Problem nur noch verstärkt, denn je reizärmer das Hundeleben ist, umso stärker wird die Reaktion bei einer Hundebegegnung sein.

Ändern Sie sein Verhalten

Leinenaggressive Hunde verwandeln sich in Sekundenschnelle von Dr. Jekyll in Mr. Hyde. Sie geraten völlig außer Kontrolle und scheinen nichts mehr wahrzunehmen außer den fremden Hund. In diesen Situationen sind sie kaum noch ansprechbar und fast nicht zu bändigen. Auch wenn es aussichtslos klingt: Sie können das ändern! Mit Konsequenz, sehr viel Geduld und einem soliden Trainingsaufbau kann Ihr Hund lernen, seine Leinenaggression abzubauen und ein Ersatzverhalten zu zeigen. Er muss nicht alle anderen Vierbeiner mögen! Unser Ziel ist es, ruhig an anderen Hunden vorbei gehen zu können, ohne dass er sich in eine Furie verwandelt!

Warum ist er aggressiv?

Beim Anblick anderer Hunde verwandelt sich der Hund in Sekundenschnelle von Dr. Jekyll in Mr. Hyde. Sicher haben Sie sich schon oft gefragt, warum er das tut. Welche Gründe für die „Leinenaggression" verantwortlich sind, lässt sich oft nicht genau sagen. Große Aufregung, Unsicherheit, schlechte Erfahrung oder menschliches Versagen können als Grund genannt werden. Auf diese Fragen werden wir nun ausführlich eingehen.

Warum Hunde leinenaggressiv sind
Große Aufregung

Manche Hunde versetzt der Anblick eines Artgenossen, der auf der anderen Straßenseite entlangflaniert, so sehr in Aufregung, weil sie am liebsten über die Straße rennen, Kontakt aufnehmen und ein wenig mit ihm herumtoben würden. Vielleicht durften sie schon als angeleinte Welpen zu allen entgegenkommenden Hunden laufen, sie begrüßen und ein wenig mit ihnen spielen. Wer jedoch nicht gelernt hat, geduldig an der Leine zu warten, bis ein anderer Vierbeiner vorbeigegangen ist, der weiß vermutlich nicht, dass man nicht mit allen Vierbeinern, die sich in Sichtweite befinden, eine Hundeparty feiern kann!

Ist der Welpe erwachsen und möchte weiterhin jeden Hundefreund persönlich begrüßen, wird er nun daran gehindert. Dadurch können Frustrationen entstehen, die manche Hunde durch Bellen zum Ausdruck bringen. Sie steigern sich immer mehr hinein und werden immer aufgeregter. Mit der Zeit verbinden diese Hunde die Aufregung mit dem Anblick anderer Hunde, und der Teufelskreis nimmt seinen Lauf.

Früh übt sich – auch im Umgang mit der Leine und bei Hundebegegnungen.

Schlechte Erfahrungen und Unsicherheit

Möglicherweise hat Ihr Hund Erfahrungen gemacht, die bewirken, dass er sich in der Gegenwart anderer Hunde nicht besonders wohlfühlt. Vielleicht hatte er ein Angst auslösendes Erlebnis an der Leine. Auch ein ängstlicher Hund kann durch aggressives Gebaren versuchen, sein Gegenüber zu beeindrucken – gerade in Situationen, die auf eine sehr direkte Konfrontation hinauslaufen, zum Beispiel auf engen Wegen, die keine Möglichkeit zum Ausweichen bieten. In diesem Fall kann die Leinenaggression Ausdruck von Unsicherheit sein.

Unhöfliche Rüpel

Dann gibt es noch diejenigen, die zu den Rüpeln gehören und andere Hunde bei jeder sich bietenden Gelegenheit anrempeln, egal ob mit oder ohne Leine. Das sind oft Hunde, die den höflichen Umgang mit anderen Vierbeinern nie gelernt haben oder nur selten Kontakt zu anderen Vierbeinern haben. Das eigentliche Problem liegt hier in der mangelnden Sozialisation, die ebenfalls für die Leinenaggression verantwortlich sein kann.

Menschliches Versagen

Wir Menschen sind unseren Hunden oft keine große Hilfe. Rastet der Hund aus, wird der Mensch verunsichert und speichert die unangenehme Erfahrung in seiner Erinnerung ab. Sobald sich die nächste schwierige Situation anbahnt, werden wir nervös – selbst wenn unser Hund den entgegenkommenden Vierbeiner noch gar nicht wahrgenommen hat und fröhlich am Wegrand schnuppert. In Erwartung der bevorstehenden Katastrophe geraten wir in Aufregung, verkrampfen und reagieren mit erhöhter Alarmbereitschaft. Wie sollen wir von unserem Hund verlangen, ruhig zu bleiben, wenn wir selbst unruhig sind? Hunde sind gute Beobachter. Sicher hat er unsere Anspannung längst bemerkt und übernommen.

Für viele Hunde sind die Signale, die Ihr Mensch beim Anblick eines fremden Hundes aussendet, ein regelrechter Startschuss für Ihren Ausbruch.

Sozialkontakte sind wichtig, sollten aber nach Möglichkeit ohne Leine stattfinden. An der Leine muss nicht jeder Hund begrüßt werden.

Fehlende Alternativen

Oft mangelt es einem Hund, der sich leinenaggressiv verhält, an einer Verhaltensalternative. Über die Jahre ist seine Rüpelei zu einem automatisierten Verhalten geworden. Er befindet sich in einem Teufelskreis, aus dem er keinen Ausweg findet.

Wenn es Ihnen gelingt, Begegnungen durch ein alternatives Verhalten entspannter zu gestalten, wird sich das auch positiv auf die Beziehung zu Ihrem Hund auswirken. Er lernt Sie als verlässlichen und souveränen Partner kennen, der ihm Wege aus stressreichen und anstrengenden Situationen eröffnet!

Trainingsvorbereitungen

Ziel des Trainings ist es, anderen Hunden entspannt an der Leine zu begegnen. Dabei wird der Hund in kleinen Schritten an andere Hunde herangeführt. Sie treten dabei als souveräner Partner auf und geben Ihrem Hund die notwendige Sicherheit, ohne ihn zu beruhigen.

Beruhigen Sie ihn bitte nicht

Bisher sah es vermutlich so aus: Sie und Ihr Hund unternehmen einen Spaziergang. Ihr Hund ist angeleint. Ihnen begegnet ein anderer Hund, wobei Ihrer sofort loslegt. Er bellt, tobt und hängt sich in die Leine, während Sie versuchen, auf ihn einzuwirken und ihn zu beruhigen. Vielleicht reden Sie – mehr oder weniger aufgeregt – auf ihn ein. Doch damit erreichen Sie nur das Gegenteil. Anstatt ihn zu beruhigen, verschlimmert sich die Sache nur! Ihr Hund versteht nicht, was Sie sagen. Er merkt nur, dass der andere Hund auch Sie aus der Fassung bringt. Das spornt ihn erst recht an, den Störenfried zu vertreiben. Selbst wenn Sie Ruhe bewahren, bewirken Ihre besänftigend gemeinten Worte nur, dass er sich in seiner Reaktion bestätigt fühlt.

Geben Sie ihm Sicherheit

In Zukunft werden Sie durch einen durchdachten Trainingsaufbau die Kontrolle übernehmen und Ihrem Hund Sicherheit geben. Dieses Ziel erreichen Sie, indem Sie ein alternatives Verhalten verankern und Ihren Hund in kleinen Schritten wohlüberlegt an die für ihn so aufregende Situation heranführen.

> **Tipp**
>
> **Kombinieren Sie das Training**
> Wenn Ihr Hund an der Leine zieht und leinenaggressiv ist, können Sie die beiden Trainingsprogramme miteinander kombinieren. Beginnen Sie zunächst mit dem Leinentraining und integrieren Sie nach und nach die Hundebegegnungen in Ihren Übungsablauf.

Dabei wird die Umgebung wieder dem jeweiligen Trainingsstand angepasst, indem der Schwierigkeitsgrad langsam ansteigt. Während Sie üben, ist der Abstand zu den fremden Hunden zu Beginn sehr groß und wird nach und nach verringert. Geben Sie Ihrem Hund Sicherheit und präsentieren Sie sich als zuverlässiger Partner.
Klingt einfach? Ist es im Prinzip auch. Aber beim Abbau der Leinenaggression benötigen Sie noch mehr Ausdauer und Konsequenz als beim Training zur Leinenführigkeit.
Auch in diesem Kapitel werde ich einen exemplarischen Trainingsplan, in einzelne Teilziele zerlegt, darstellen.

Nur noch mit Leckerchen

Ab sofort gehen Sie nicht mehr ohne Leckerchen aus dem Haus! Wählen Sie kleine Belohnungshäppchen, die besonders schmackhaft sind. Zeigt sich Ihr Hund von der ausgewählten Belohnung wenig beeindruckt, reduzieren Sie zunächst sein Futter oder füttern Sie ihn nur noch während des Trainings. Probieren Sie verschiedene Belohnungsvarianten. Besonders unwiderstehlich sind gekochtes Geflügel, Leber, oder kleine Käsewürfelchen. Ich kenne keinen hungrigen Hund, der bei diesem Angebot nicht schwach werden würde.

Der richtige Trainingsort

Weil die Begegnung mit anderen Hunden fast immer in einer Katastrophe endet, wird versucht, Hundebegegnungen zu vermeiden. Ort und Zeitpunkt des Spaziergangs werden so gewählt, dass die gefürchtete Begegnung recht unwahrscheinlich wird. Das Problem wird leider nicht gelöst, indem man ihn isoliert. Im Gegenteil: Je seltener der Hund einen Artgenossen zu Gesicht bekommt, umso aufgeregter wird er. Der Hundeplatz ist auch nicht geeignet, um das Problem zu lösen, da Ihr Hund sich schnell an die Umgebung gewöhnt. Wenn er die Leinenbegegnung auf dem Hundeplatz meistert, heißt das nicht, dass er sich auf der Straße genauso verhält. Es ist am sinnvollsten, wenn das Training im alltagsbezogenen Kontext stattfindet.

Das Anti-Aggressions-Training

Beim Anblick eines fremden Hundes soll sich Ihr Hund an Ihnen orientieren, sich auf Sie konzentrieren und den anderen ruhig an sich vorbei gehen lassen. Um das zu meistern, müssen Sie Ihrem Hund zeigen, dass es positiv für ihn ist, wenn sich ein anderer Vierbeiner in Sichtweite befindet.

Das geschieht mithilfe der klassischen Gegenkonditionierung. Im zweiten Schritt wird über die operante Gegenkonditionierung ein Alternativverhalten aufgebaut. Ihr Hund soll Blickkontakt mit Ihnen aufnehmen, denn dadurch wird seine Aufmerksamkeit von dem fremden Hund auf Sie gelenkt und er bekommt dafür eine Belohnung. Statt zu toben und zu randalieren, hat er nun eine Ersatzhandlung, die es ihm ermöglicht, entspannt zu bleiben und ein Leckerchen abzustauben.

Trainingsstufe 1:
Fremde Hunde positiv besetzen

In diesem Trainingsabschnitt geht es darum, das Weltbild Ihres Hundes ein kleines Stückchen zu verändern. Ihm wird vermittelt, dass der Anblick anderer Hunde nicht mit Stress und Aufregung verbunden sein muss. Das Auftreten eines fremden Hundes wird mit etwas Angenehmen in Verbindung gebracht, indem er in den entsprechenden Situationen ein paar Leckerchen erhält. Sein Erregungszustand darf noch nicht so groß sein, dass ihn das Leckerchen nicht mehr interessiert und er es nicht mehr wahrnimmt. Variieren Sie den Abstand zu dem fremden Hund und finden Sie heraus, wo die Toleranzgrenze Ihres Hundes liegt.

Leckerchen-Segen

Ihr Hund sollte also am besten noch nicht auf den Hund reagieren. Um eine starke Reaktion zu vermeiden, wird er mit einem wahren Leckerchen-Feuerwerk bedacht, das auf ihn einprasselt:

Das Anti-Aggressions-Training

Sobald andere Hunde in Sichtweite sind, starten Sie einen Leckerchen-Dauer-Beschuss! Dabei reden Sie am besten gar nicht, um nicht unbeabsichtigt für zusätzliche Aufregung zu sorgen.

Falls Ihr Hund zu gierig nehmen sollte, stellen Sie die Leckerchenzufuhr ein und gehen weiter. Bringen Sie so ruhig wie möglich wieder einen größeren Abstand zwischen sich und den anderen Vierbeiner. Für den nächsten Versuch wissen Sie dann schon, wie weit Sie sich dem fremden Hund nähern können, ohne dass sich Ihrer in eine Schnappschildkröte verwandelt.

In diesem Trainingstadium wird der Abstand zu den fremden Hunden noch nicht verringert. Es genügt, wenn Sie sich in einer gewissen Entfernung zu diesen postieren.

Offenes Gelände, das von vielen angeleinten Hunden frequentiert wird, ist ideal zum Üben. Sie können die gesamte Fläche überblicken und die anderen Hunde aus dem von Ihnen gewählten Abstand betrachten. Dabei behalten Sie die Situation unter Kontrolle, und Ihr Hund wird nicht überfordert.

Wenn Sie keinen Park vor der Haustür haben oder dort nur unangeleinte Vierbeiner herumlaufen, sollten Sie sich einen anderen Ort suchen, wo Sie auf angeleinte Hunde treffen. Vielleicht können Sie in Sichtweite einer Tierarztpraxis üben, denn dort gehen täglich viele Hunde ein und aus. Bald wird der Anblick eines Artgenossen zum positiven Signal: „Wenn ein anderer Hund erscheint, erhalte ich eine Belohnung"! Der Hundekumpel wird nun positiv besetzt.

Ist die Aufregung zu groß, hilft auch kein Leckerchen. Erst wenn der Abstand zum anderen Hund stimmt, nimmt er es.

> **Wo ist mein Mensch?**
> Wie bei der Leinenführigkeit gilt auch hier: Wann immer Ihr Hund sich ohne Ihre Einflussnahme zu Ihnen umdreht, sollten Sie diese Gelegenheit nutzen, um ihn darin zu bestärken. Zeigen Sie ihm, dass es gut ist, sich an Ihnen zu orientieren, indem Sie ihm eine kleine Leckerei zustecken.

Trainingsstufe 2: „Schau her"

Nun werden zwei neue Signalwörter eingeführt. Mit „Schau her" werden Sie ein Instrument erhalten, um die Aufmerksamkeit Ihres Hundes zu gewinnen. Für einen langfristigen Trainingserfolg ist es wichtig, den Blickkontakt durch ein Signalwort herzustellen und ihn durch ein anderes Signalwort wieder freizugeben. Auf späteren Spaziergängen, bei denen Ihnen andere Vierbeiner entgegenkommen, soll Ihr Hund über einen längeren Zeitraum auf Sie achten. Er soll sich so lange auf Sie konzentrieren, bis die Begegnung vorüber ist. Um das langfristig zu erreichen, führen Sie ein „Befreiungswort" ein, das ihm Folgendes signalisiert: „Wenn du dieses Wort hörst, kannst du deinen Blick schweifen lassen." Das Wort sollte kurz, prägnant und noch nicht mit einer anderen Bedeutung besetzt sein. Ich verwende das Wort „o.k." zur Freigabe. Sie können auch gern ein anderes wählen, zum Beispiel „frei".

Das Anti-Aggressions-Training

Vorbereitung
Starten Sie in einer Umgebung, die keine weiteren Attraktionen bietet. Sie können diese Übung beispielsweise gut in Ihrer Wohnung beginnen.

1. Schritt: Willst Du das Leckerchen?
Halten Sie Ihrem Hund ein Leckerchen vor die Nase, ohne es ihm zu geben.

2. Schritt: „Schau her!" mit Leckerchen
Wenn er es ansieht, führen Sie das Leckerchen von seiner Nase zu Ihrem Gesicht und halten Sie es sich zwischen die Augen. Folgt er dem Leckerchen mit seinem Blick, sagen Sie im Moment des Blickkontakts „Schau her!"

3. Schritt: Den Blick freigeben
Anschließend sagen Sie sofort „o.k." und er bekommt das Leckerchen – auch wenn er nur sein Leckerchen angesehen hatte. Wiederholen Sie diese Übung einige Male und geben Sie ihm das Leckerchen jedes Mal mit dem Freigabewort „o.k.", bevor er seinen Blick abgewendet hat.

4. Schritt: „Schau her" mit leerer Hand
Als Nächstes führen Sie Ihre Hand zu Ihren Augen, diesmal allerdings ohne Leckerchen. Sagen Sie wieder „Schau her", wenn Sie die Hand auf Augenhöhe halten. Ihr Hund wird auch Ihre leere Hand ansehen. Auch diesmal folgen Freigabe und Belohnung.

Zuerst wird das Leckerchen zu den Augen geführt mit dem Signal „Schau her!". Sobald der Hund weiß, worum es geht und was von ihm gefordert ist, werden die Hilfen (Hand und Sichtzeichen) nach und nach abgebaut.

> **Alternativen bieten**
>
> Wenn Ihr Hund Ihnen nicht direkt in die Augen sieht, sondern eher auf Ihre Nase, Ihr Kinn oder Ihren Hals, loben Sie ihn trotzdem und geben ihm den begehrten Leckerbissen. Manche Hunde fühlen sich beim direkten Blickkontakt nicht wohl. Er soll sich aber wohlfühlen – auch in Krisensituationen. Das ist wichtig, denn die Orientierung an seinem Menschen soll ihm Sicherheit vermitteln. Suchen Sie sich in diesem Fall einen anderen Fixpunkt aus und zwingen Sie Ihren Hund nicht, Ihnen in die Augen zu sehen.

Schweift sein Blick ab, bevor Sie ihn freigeben konnten, wird das Leckerchen erneut vor Ihr Gesicht geführt.

Wenn es zu Hause ganz gut klappt, versuchen Sie es im Garten, dann auf der Straße und schließlich an verschiedenen Orten. Steigern Sie die Ablenkung – allerdings sollten keine anderen Hunde in Reichweite sein! Verlängern Sie allmählich die Dauer des Blickkontakts, bis sie seine Aufmerksamkeit mit „o.k." freigeben.

5. Schritt: „Schau her" ohne Hilfe

Nun lassen Sie die Handbewegung weg. Sagen Sie nur „Schau her". Jetzt sollte Ihr Hund Blickkontakt aufnehmen. In diesem Moment geben Sie seinen Blick mit „o.k." und einem Leckerchen wieder frei.

6. Schritt: Zeitspanne erhöhen

Erhöhen Sie die Zeitspanne zwischen dem Signal „Schau her" und der Freigabe „o.k." Gehen Sie dabei sehr langsam vor und erhöhen Sie die Dauer sekundenweise. Nach jeder Freigabe erhält Ihr Hund eine Belohnung, aber bitte nicht vorher. Denn wenn Ihr Hund kaut und schluckt, wird er kaum noch Interesse haben, Sie weiterhin anzusehen. Er soll sich jedoch daran gewöhnen, den Blickkontakt bis zur Freigabe aufrechtzuerhalten!

Trainingsstufe 3: Hundebegegnungen

Nun werden die beiden vorherigen Schritte zusammengeführt und verfeinert. Sie sind mit einem großen Beutel schmackhafter Leckereien ausgestattet, und Ihr Hund trägt ein Brustgeschirr, an dem die Leine befestigt ist.

Begegnungen auf Distanz

Sicher kennen Sie einen Weg, an dem Sie mit großer Wahrscheinlichkeit auf andere Hunde treffen werden. Gehen Sie jedoch nicht in den stadtbekannten Hundepark und suchen Sie auf keinen Fall eine direkte Konfrontation – ein Blick aus der Ferne genügt für den Anfang! Wenn Sie unterwegs sind, lassen Sie sich nach Möglichkeit nicht von einer direkten Hundebegegnung überraschen.

Das Anti-Aggressions-Training 101

Wird das „Schau her" gut aufgebaut und genügend generalisiert ...

... ist es auch im Ernstfall auf dem Spaziergang abrufbar.

Ist der fremde Hund noch weit weg und wurde bereits von Ihrem Hund bemerkt, sprechen Sie Ihren Vierbeiner mit „Schau her" an und belohnen Sie seinen Blickkontakt großzügig, nachdem Sie seinen Blick mit „o.k." freigegeben haben. Es ist wichtig, dass Ihr Hund den anderen wahrnimmt, bevor er Ihr Signal befolgt. Würde er Sie ansehen, ohne den fremden Hund zu bemerken, könnten Sie ihn zwar ablenken, aber er würde nicht lernen, mit anderen Hunden umzugehen.

Der richtige Abstand

An seiner Reaktion erkennen Sie, welche Distanz er erträgt: Sieht er spontan zu Ihnen auf, so können Sie den Abstand ein wenig verringern. Reagiert er eher zögerlich, sollten Sie bei der nächsten Begegnung den gleichen Abstand einhalten, bis er direkt auf Ihr Signal reagiert. Nutzen Sie den Moment, in dem Ihr Hund von dem anderen Hund abgelenkt ist (durch Blickkontakt und Belohnung), und gehen Sie in eine andere Richtung, um eine Eskalation zu vermeiden.

Sagen Sie lieber nichts

Beim ersten Versuch sollte der fremde Hund so weit weg sein, dass Ihr Hund das Signal „Schau her" sicher befolgen kann. Haben Sie Zweifel, dass er zu Ihnen schaut, weil er schon zu aufgeregt ist, sagen Sie lieber nichts. Er soll gar nicht erst auf die Idee kommen, dass er Ihr „Schau her" ignorieren kann. Gehen Sie also langsam und sorgfältig vor, um das Signal in realen Situationen zu etablieren. Halten Sie den Stresslevel Ihres Hundes so gering wie möglich. Vergessen Sie nicht, den Blick durch das entsprechende Signal wieder freizugeben, bevor er von sich aus wegsieht. Sie werden bald die Abstände richtig einschätzen und ein Gespür entwickeln, wann Sie das „Schau her" einsetzen können.

Entfernung verringern

Die Entfernung zu dem fremden Hund wird kontinuierlich verringert, um die Toleranzgrenze Ihres Hundes langsam zu steigern, während die Dauer des Blickkontakts verlängert wird.
Trainieren Sie aber immer nur ein Kriterium nach dem anderen. Wenn Sie die Dauer des Blickkontakts verlängern, halten Sie einen größeren Abstand ein, wenn Sie den Abstand verringern, fordern Sie nur einen kurzen Blickkontakt von Ihrem Hund.

Barrieren nutzen

Vielleicht kommt es Ihnen etwas abwegig vor, ständig nach anderen Hunden Ausschau zu halten, denn Sie können ja nur Ihren eigenen Weg beeinflussen – nicht den Ihrer unfreiwilligen Trainingspartner. Mit der Zeit werden Sie Übung bekommen, Entfernungen und Situationen einzuschätzen und für sich zu nutzen.

Dabei wird es Ihnen nicht immer gelingen, direkte Begegnungen mit anderen Hunden zu vermeiden. Nähert sich ein Mensch-Hund-Gespann, das die Toleranzgrenze Ihres Hundes zu überschreiten droht, suchen Sie sich etwas, das als Barriere dienen kann. Ein parkendes Auto kann beispielsweise als Sichtschutz dienen, eine Mauer oder eine Hecke. Führen Sie Ihren Hund hinter diesen Wall und warten Sie dort, bis der andere Hund vorübergegangen ist.

> **Tipp**
>
> **Kehren Sie um**
> Sie können auch eine Kehrtwendung einlegen und in die entgegengesetzte Richtung gehen. Wichtig ist, Ihren Hund vor Konfrontationen zu bewahren, die dem momentanen Trainingsstand noch nicht entsprechen. Ihr Hund soll nach Möglichkeit nicht in sein altes Verhaltensmuster fallen.

Das Anti-Aggressions-Training 103

Ein Sichtschutz kann helfen, wenn das Training noch nicht so weit fortgeschritten ist.

Selbstverständliche Hundebegegnungen

Nach und nach verringern Sie den Abstand, wobei die neue Entfernung zum jeweils neuen Trainingsstandard erhoben wird. Sie erkennen am Verhalten Ihres Hundes, ob Sie die Distanz reduzieren können.

Wenn er zuverlässig (in acht von zehn Fällen) auf Ihr „Schau her" reagiert, kann die bisherige Entfernung zum anderen Hund verringert werden. Das heißt allerdings auch, dass die Belohnungshäufigkeit bei größeren Abständen, die der Hund gut meistern kann, herabgesetzt wird. Jetzt wird nicht mehr jeder Blickkontakt belohnt, denn sein ruhiges Verhalten und der aufgenommene Blickkontakt gelten schon als Selbstverständlichkeit. Wenn Sie den Schwierigkeitsgrad erhöhen, bekommt er jedes Mal eine tolle Belohnung. Seine Aufmerksamkeit soll sich für ihn lohnen! Deswegen dürfen Sie die Belohnungshäufigkeit auch nicht zu schnell herabsetzen. Mit der Zeit wird Ihr Hund automatisch Ihren Blick suchen, sobald er einen anderen Hund sieht.

Der fremde Hund wird praktisch zum Signal für den Blickkontakt, auch ohne ein vorheriges „Schau her".
Die Abstände zu anderen Hunden werden immer geringer, je weiter das Training fortschreitet.
Was sich hier so einfach liest, ist ein ziemlich langer und steiniger Weg, weil Sie wirklich sehr langsam vorgehen müssen, um erfolgreich zu sein. Bis es so weit ist, dass Sie andere Hunde direkt passieren können, ohne Umwege zu gehen, können durchaus einige Monate vergehen. Doch auf dem Weg dahin werden Sie nach und nach Fortschritte erkennen – und genießen.

Mit zunehmender Übung werden Hundebegegnungen immer besser gemeistert.

Rettungsanker „Sitz"

Um noch etwas mehr Ruhe in die Situation zu bringen, können Sie Ihren Hund auch ins „Sitz" dirigieren und abwarten, bis der andere Vierbeiner vorübergegangen ist. Das Sitzen entspannt die Situation und sorgt dafür, dass er sich auf das „Sitz" konzentriert. Das „Sitz" kann Ihnen vor allem in Situationen gute Dienste leisten, in denen die Hunde dicht aneinander vorbeigehen müssen, zum Beispiel auf schmalen Wegen oder im Wartezimmer des Tierarztes. Mit dem „Sitz" bieten Sie Ihrem Hund einen Ausweg aus der direkten Konfrontation. Sie zwingen ihn nicht, weiter auf den anderen Vierbeiner zuzugehen, sondern bieten ihm die Möglichkeit, ihn zu ignorieren.

Wenn Sie auf einen Hund treffen, der nicht so höflich und entspannt ist, dann lassen Sie ihn ruhig toben. Ihr Hund sitzt neben Ihnen, sieht Sie an, und Sie warten ab, bis der andere vorbeigegangen ist. Gehen Sie auch hier schrittweise vor, wenn Sie das „Sitz" einführen.

Hunde „verfolgen"

Sie können einen kleinen Trick anwenden, um Ihren Hund an die Anwesenheit anderer Hunde zu gewöhnen: Suchen Sie nicht entgegenkommende Hundebegegnungen auf, sondern gehen Sie gezielt hinter anderen Hundespaziergängern her. Viele Hunde reagieren viel stärker auf entgegenkommende Hunde als auf Artgenossen, den sie von hinten sehen. Warten Sie etwas abseits des Weges oder hinter einem Sichtschutz, bis das entgegenkommende Mensch-Hund-Gespann vorbeigegangen ist, und folgen Sie den beiden.

Die Rütteldose

Häufig wird bei Leineaggression empfohlen, einen akustischen Strafreiz einzusetzen, der dem Hund vermitteln soll, dass sein Verhalten unerwünscht ist. Dafür wird entweder eine Blechdose mit Steinen gefüllt oder ein Bund aus klappernden Metallscheiben benutzt. Durch das laute Geräusch soll der Hund so stark beeindruckt werden, dass er das Toben und Bellen sofort unterbricht.

Unerwünschte Reaktionen

Allerdings birgt diese Methode ein paar gravierende Gefahren. Je nach Charakter reagieren Hunde sehr unterschiedlich auf den akustischen Strafreiz. Bei sensiblen Hunden geht die Reaktion weit über den gewünschten Effekt hinaus. Sie hören zwar auf, den anderen Hund anzupöbeln, sind aber völlig verängstigt. Wenn man Pech hat, verliert er das Vertrauen in seinen wild klappernden

Menschen. Eventuell stellt er eine Verbindung zu seinen Artgenossen her, die er nach diesem, für ihn erschreckenden Erlebnis noch viel gruseliger findet. Andere, nicht so zart besaitete Hunde zeigen sich oft gänzlich unbeeindruckt. Hier ist ein Einsatz auch nicht sinnvoll. Auch bei Hunden, die weder besonders sensibel noch besonders unerschrocken sind, gerät man schnell an seine Grenzen, denn die Hunde gewöhnen sich bald an das Geschepper. Dadurch wird der Strafreiz zunehmend abgeschwächt. Die meisten Hunde lernen schnell, dass das furchtbare Klappern keine weiteren Folgen nach sich zieht und sie keine Angst davor haben müssen. Oft wird während des Spaziergangs unbeabsichtigt geklappert, weil die Büchse in der Jackentasche durchgeschüttelt wird. Klappern ohne Grund und ohne Konsequenz beschleunigt den Gewöhnungseffekt.

Hilfsmittel für Leinenrüpel

Bei extremen Leinenrüpeln kann ein gezielter Einsatz des akustischen Strafreizes durchaus sinnvoll sein, um eine heftige Reaktion zu unterbrechen. So kommen Sie kurzfristig aus dem Aggressionskreislauf heraus. Für verzweifelte Besitzer von Hunden mit sehr schlechter Impulskontrolle, die schon bei kleinsten Anzeichen eines Artgenossen in die Luft gehen und sich nicht mehr beruhigen können, kann das Klappern einen Ansatzpunkt für das eigentliche Training geben. Wegen der beschriebenen Nebenwirkungen empfehle ich Ihnen, diese Maßnahme nur mithilfe eines professionellen Hundetrainers in Kombination mit einem Gegenkonditionierungs-Programm durchzuführen.

Viele Hunde reagieren nicht so heftig, wenn sie hinter einem Artgenossen herlaufen.

Gut gemeinte Ratschläge

„Leinen Sie ihn ruhig ab, die machen das schon unter sich aus!" Nahezu jeder, der einen leinenaggressiven Hund besitzt, kennt solche Sprüche und steht der Verständnislosigkeit und Ignoranz seiner Mitmenschen ratlos gegenüber. Leider machen Hunde nicht alles unter sich aus – oder zumindest nicht so aggressionslos, wie wir es gerne hätten.

Warum Sie nicht ableinen sollten

Unser Hund soll möglichst keine unangenehmen oder aggressiven Erfahrungen sammeln, denn damit wird sein eigenes Aggressionsverhalten nur verstärkt. Manchmal will man gar nicht ableinen, auch wenn keine Auseinandersetzungen zu befürchten sind, denn der Hund soll gesittete Hundebegegnungen an der Leine üben. Es wäre also kontraproduktiv, wenn Sie ihm vermitteln würden, dass er immer abgeleint wird, sobald ein fremder Hund aufkreuzt.

Schützen Sie Ihren Hund

Treffen Sie ein Abkommen mit Ihrem Hund, das folgendermaßen lautet: „Du benimmst dich ordentlich und pöbelst nicht, dafür halte ich dir andere Hunde vom Hals." Wenn Ihr Hund angeleint ist und er trotz eines näher kommenden Artgenossen ruhig bleiben soll, dann müssen Sie diese Begegnung regeln, bevor Ihr Hund den Eindruck bekommt, er müsse sich selbst darum kümmern.

Ein Hund sollte auch beim Freilauf kontrollierbar sein und angeleinte Hunde nicht belästigen.

Wenn sich der dazugehörende Mensch des Ihnen entgegenkommenden Vierbeiners in Sicht- und Hörweite befindet, bitten Sie ihn, seinen Hund anzuleinen. Erklären Sie ihm, dass Sie sich im Training befinden. Die meisten Hundehalter zeigen Verständnis und leinen ihren Hund ohne gut gemeinte Hinweise an.

Hundebegegnungen ohne Mensch

Manchmal treffen Sie auch auf Hunde, die ihrem Halter weit voraus sind und sich nicht mehr in dessen Einflussbereich befinden. Oft steckt Gedankenlosigkeit dahinter, da diese Leute – selbst mit einem unkomplizierten und zu allen freundlichen Hund gesegnet – gar nicht ahnen, welchen Stress ihr fröhlich vorausstrabender Vierbeiner auslösen kann.

Gedankenlose Hundehalter

Manchmal ist es aber auch Gedankenlosigkeit gepaart mit Leichtsinn, was die Menschen bewegt, ihre Hunde einfach laufen zu lassen. Vor allem, wenn sie wissen, dass ihr Hund ab und zu Probleme bei der Begegnung mit anderen Artgenossen hat und sie sich lieber hinter einem Schutzwall gepflegter Ignoranz verstecken. Leider hören die meisten Hunde schlecht, sodass sie im Notfall nicht einmal zuverlässig abgerufen werden können.

> **Tipp**
>
> **Schützen Sie ihn**
> Wer auch immer auf Sie zukommt, Sie sind gefordert, Ihren angeleinten Hund zu schützen, damit er nicht von dem frei laufenden Artgenossen bedrängt wird!

Notfalls ableinen

Wenn das „Sitz" Ihres Hundes noch nicht so gefestigt ist, dass er ruhig sitzen bleibt, ist es möglicherweise besser, Ihren Hund abzuleinen und ihm einen kurzen Kontakt mit dem anderen zu erlauben. Diesen Kontakt sollten Sie nur gestatten, wenn Sie die Begegnung als unproblematisch einschätzen. Hat Ihr Hund ein ernstes Aggressionsproblem mit anderen, egal ob mit oder ohne Leine, sollten Sie unbedingt fachkundige Unterstützung suchen. Adressen finden Sie im Anhang.

Vielleicht stimmt der Satz „Der ist nur so, weil Sie ihn nie ableinen!" sogar, und man hat durch eigenes Fehlverhalten dazu beigetragen, dass der Hund seine Leinenaggression bilden und pflegen konnte. Doch nun nützt der Hinweis nichts mehr und darf kein Freibrief für andere Hundehalter sein, ihren Hund trotz entsprechender Bitte nicht zu sich zu rufen und anzuleinen.

Wie Sie fremde Hunde fernhalten

Nähert sich ein frei laufender Hund Ihrem angeleinten, wird häufig empfohlen, dem fremden Vierbeiner ein paar Leckerchen vor die Pfoten zu werfen, damit er anhält und frisst. Der Tipp klingt nicht schlecht, funktioniert aber leider nur in der Theorie. Meistens finden die anderen Hunde Ihren Vierbeiner viel interessanter als die ihnen zugeworfenen Leckerchen. In dieser Situation kann Sie ein „Sitz" retten, mit dem Sie Ihren Hund in die Sitz-Position manövrieren, während Sie mit ausgestrecktem Armen den anderen Hund abwehren. Fordern Sie ihn mit „Nein" oder „Ab" auf, das Weite zu suchen. Dies sollte jedoch ruhig und ohne große Aufregung geschehen, denn Sie wollen Ihrem Hund vermitteln, dass Sie die Situation im Griff haben.

Erste Hilfe bei unerwarteten Begegnungen

Solange Ihr Training noch in den Kinderschuhen steckt und Sie nicht jede Situation erfolgreich meistern können, ist es hilfreich, wenn Sie auf den ein oder anderen „Rettungsanker" zurückgreifen können. Hier finden Sie ein paar Tipps, die Ihnen in unangenehmen Situationen helfen können, wenn Sie von Hundebegegnungen überrascht werden.

Blickrichtung beeinflussen

Zu den Erste-Hilfe-Maßnahmen kann das Tragen eines Kopfhalfters gehören (s. Seite 43 ff.) Durch das Kopfhalfter können Sie die Blickrichtung Ihres Hundes beeinflussen und seine Aufmerksamkeit auf andere Dinge lenken. Wie schon erwähnt, empfiehlt es sich, eine Leine zu verwenden, die über zwei Karabinerhaken in verschiedenen Größen verfügt. Der kleinere Karabiner wird am Ring des Kopfhalfters eingehakt und der größere am Brustgeschirr. Geht Ihr Hund links neben Ihnen, halten Sie das Leinenende, das mit dem Brustgeschirr verbunden ist, mit der linken Hand.

Mit der rechten Hand führen Sie das Leinenende, das am Kopfhalfter eingehakt ist. Ihr Hund soll überwiegend am Brustgeschirr geführt werden, das Kopfhalfter kommt nur bei Bedarf zum Einsatz. Halten Sie den Teil der Leine, der zum Brustgeschirr führt, etwas kürzer, während das andere Ende der Leine mehr Spielraum hat. So können Sie bei Bedarf mit dem Kopfhalfter einwirken, ohne unbeabsichtigt daran zu ziehen. Zerren Sie nie mit einem plötzlichen Ruck am Kopfhalfter und lassen Sie Ihren Hund niemals mit dem Kopfhalfter am Fahrrad laufen! Das Verletzungsrisiko für den Halswirbelbereich ist viel zu groß.

Fixieren vermeiden

Überlegt eingesetzt, kann das Kopfhalfter gerade bei extremen Leinenrüpeln gute Dienste leisten. Es dient vor allem dazu, den Blickkontakt zum anderen Hund zu unterbrechen. Der Ausbruch wird normalerweise durch das Fixieren eingeleitet. Wenn Ihr Hund den anderen nicht ins Visier nehmen kann, lässt er sich auch leichter kontrollieren. Sobald Sie einen entgegenkommenden Hund bemerken, sollten Sie Ihren Hund genau beobachten. In dem Moment, in dem er nun seinen Blick auf den anderen richtet, lenken Sie seinen Kopf in eine hundefreie Richtung. Achten Sie darauf, dass der Blickkontakt wirklich unterbrochen wird und er den andereb nicht weiterhin aus den Augenwinkeln fixiert.

Trainings-Management

Wenn das Training erfolgreich verlaufen soll, ist es unerlässlich, dass Sie die Kontrolle über die Trainingssituation behalten. Doch es ist nicht immer einfach, die gesamte Umgebung im Blick zu haben. Gewöhnen Sie sich den 360°-Rundum-Blick an, wenn Sie mit Ihrem Hund unterwegs sind und scannen Sie die Gegend ab, um böse Überraschungen zu vermeiden – oder um sie, je nach Abstand, in Ihr Trainingsprogramm einzubeziehen. Wenn Sie die anderen Hunde vor Ihrem Vierbeiner wahrnehmen, fühlen Sie sich nicht so überrumpelt, sondern können die Situation bedachter angehen. Trotzdem wird es immer wieder brenzlige Begegnungen geben, in denen Sie nicht das Gefühl haben, heil aus der Nummer herauszukommen. Wenn sich keine Gelegenheit für einen „geordneten Rückzug" bietet, kann Ihnen Folgendes helfen.

Ausweichen

Vielleicht weichen Sie ohnehin schon auf Ihren Spaziergängen aus. Manchmal spielen einem Ehrgeiz und zu große Erwartungen einen Streich, und man gerät immer wieder in dieselbe Falle: Nähert sich ein fremder Hund, geht man entschlossen weiter, obwohl man das Theater kennt, das folgen wird. Abdrehen und ausweichen? Vor einem fremden Hund „die Flucht ergreifen"? Diese Möglichkeit gestatten sich die wenigsten, obwohl sie ein einfaches Mittel zur Deeskalation ist. Bieten Sie Ihrem Hund eine Alternative zur Konfrontation, indem Sie nicht direkt auf den anderen Hund zugehen, sondern einen Bogen schlagen. Wechseln Sie die Straßenseite oder kehren Sie um. Sie flüchten nicht vor dem fremden Hund! Sie sorgen lediglich dafür, dass Ihr Hund nicht noch eine weitere Erfahrung mit seiner Leinenaggression macht.

Möglicher Trainingsplan zur Leinenaggression — 1. Etappe

Was?

Den Anblick fremder Hunde positiv besetzen.
Ziel: Die Assoziation beim Anblick eines fremden Hundes soll verändert und positiv besetzt werden.

Wie?

Sobald Ihr Hund einen fremden Vierbeiner sieht, erhält er ein Feuerwerk aus einzeln verabreichten Leckerchen.
Wählen Sie den Abstand so, dass Ihr Hund den anderen sieht, aber noch nicht sein übliches Verhalten wie toben und bellen an den Tag legt.

Welches Signal?

Wo? ☑

- Im Park ☐
- In der Nähe einer Tierarztpraxis ☐
- Auf der Straße ☐
- In der Stadt ☐

Bemerkungen

Sobald Ihr Hund auf den fremden reagiert, brechen Sie die Leckerchen-Zufuhr sofort ab.
Achten sie darauf, dass Sie ihn auf keinen Fall für unerwünschtes Verhalten belohnen.

Notizen

Möglicher Trainingsplan zur Leinenaggression — 2. Etappe

Was?
Ihr Hund soll auf Ihre Aufforderung hin Blickkontakt mit Ihnen aufnehmen.
Ziel: Alternativverhalten aufbauen

Wie?
Führen Sie ein schmackhaftes Leckerchen von der Hundenase in Ihre Augenhöhe. Folgt er der Bewegung mit den Augen, erfolgt das Signal „Schau her", die Freigabe durch das Hörzeichen „o.k." und das Leckerchen.
Folgt er nicht, bekommt er das Leckerchen nicht. Die Übung beginnt von vorn (eventuell reizvolleres Leckerchen verwenden). Wiederholen Sie die Übung einige Male.
Übung mit leerer Hand, aber gleicher Bewegung + „Schau her" wiederholen.
Handbewegung weglassen, Hund soll jetzt nur noch auf „Schau her" reagieren. Freigabe durch „o.k." + Leckerchen.
In langsamen Schritten die Freigabe hinauszuzögern.

Welches Signal?
„Schau her", „o.k"

Wo?
In der Wohnung	☑
Im Garten	☐
Im Park	☐
Beim Spazierengehen	☐

Bemerkungen
Gehen Sie erst zum nächsten Schritt über, wenn der vorherige gut funktioniert hat.
Direkte Hundebegegnungen mit altem Verhaltensmuster sollten in diesem Stadium vermieden werden. Ist so eine Begegnung unvermeidlich, ignorieren Sie jede übermäßige Reaktion Ihres Hundes und gehen Sie zügig weiter.

Notizen

Möglicher Trainingsplan zur Leinenaggression   3. Etappe

Was?
Ihr Hund soll sich fremden Hunden in für ihn tolerierbaren Abständen nähern.
Ziel: Toleranzgrenze des Hundes steigern

Wie?
Ihr Hund soll beim Anblick anderer Hunde Blickkontakt mit Ihnen aufnehmen. Anfangs ist der Abstand zum anderen Hund groß.
Nach kurzer Zeit wird der Blick mit „o.k." freigegeben und der Hund belohnt.
War der Hund noch sehr gut ansprechbar? Der Abstand wird etwas verringert und die Übung wiederholt.
War der Hund kaum noch ansprechbar? Dann entfernen Sie den Hund ruhig aus der Situation.
Der Abstand zu den anderen Hunden wird allmählich verkleinert.
Die jeweils neue Toleranzgrenze wird zum neuen Standard.
Die Entfernung zu den anderen Hunden wird so weit verringert, bis der Hund einen kleinen Abstand toleriert und ansprechbar bleibt.

Welches Signal?

Wo? ☑
- Überall, wo kontrollierte Hundebegegnungen möglich sind ☐
- Auf jedem Leinenspaziergang ☐
- Im Park ☐
- In der Stadt ☐

Bemerkungen
Erhöhen Sie entweder die Dauer des Blickkontaktes oder verkleinern Sie den Abstand zu anderen Hunden. Nicht beides auf einmal!
Vermeiden Sie Konfrontationen, die Sie nicht kontrollieren können.
Wenn Sie in eine Begegnung geraten, der Sie noch nicht gewachsen sind, entfernen Sie sich ruhig aus der Situation. Auch ein Sichtschutz oder eine Ablenkung können helfen.
Achten Sie auf ein korrektes Timing bei Lob und Belohnung, damit Sie nicht aus Versehen einen Moment belohnen, in dem Ihr Hund den Fremden fixiert.

Notizen

Möglicher Trainingsplan zur Leinenaggression — 4. Etappe

Was?

Ihr Hund soll ruhig an anderen Hunden vorbeigehen.
Ziel: Hundebegegnungen meistern

Wie?

Die Abstände zu den anderen Hunden werden in kleinen Schritten reduziert.
Die Belohnungsfrequenz wird herabgesetzt.
Wenn die Abstände kleiner werden, sollten Sie beobachten, welchen Individualabstand Ihr Hund braucht, um sich wohlzufühlen. Laufen Sie eventuell zwischen den beiden Hunden, wenn es zu eng wird.

Welches Signal?

Wo? ✓

Den Hund auf der anderen Straßenseite passieren lassen	☐
Auf breiteren Feldwegen	☐
In der Fußgängerzone	☐
Auf derselben Straßenseite	☐

Bemerkungen

Die Abstände zwischen den Belohnungen sollten mit gewonnener Zuverlässigkeit des gewünschten Verhaltens immer größer werden. Überraschen Sie Ihren Hund. Variieren Sie Art und Zeitpunkt der Belohnung und nehmen Sie auch bei fortgeschrittenem Training immer mal wieder etwas besonders Gutes mit. So sind Sie vorbereitet, wenn der Hund einen besonders belohnenswerten Trainingserfolg erzielt.

Notizen

Troubleshooting: Wenn er trotzdem tobt

Sie haben fleißig geübt, doch es hakt an einer bestimmten Stelle? Ihr Hund macht einfach keine Fortschritte mehr? In diesem Kapitel wird analysiert, woran es liegen könnte und was Sie dagegen unternehmen können.

Stimmungsübertragung

Hunde haben ziemlich empfindliche Antennen, mit denen sie Stimmungen erfassen können. Daher sollten Sie es vermeiden, in brenzligen Situationen in helle Aufregung zu verfallen, denn das stachelt Ihren Hund nur an. Sie können ruhig Ihre Stimmung einsetzen: Seien Sie locker, entspannt und fröhlich. Da Sie die Abstände zu anderen Hunden immer so wählen, dass Sie Ihren Hund nicht überfordern, brauchen Sie auch keine Angst zu haben, dass Sie die Kontrolle verlieren. Das ist leichter gesagt, als getan – vor allem, wenn schon eine lange Zeit voller schwieriger Situationen hinter Ihnen liegt. Gerade bei unerwarteten Hundebegegnungen kann es Ihnen aufgrund Ihrer bisherigen Erfahrungen noch durchaus passieren, dass Sie – bester Vorsätze zum Trotz – Stresssignale aussenden. Bei solchen Überraschungsmomenten verliert man oft die Souveränität. Und je mehr man sich zwingt, ruhig zu bleiben, umso mehr regt man sich auf.

Tipp

Souverän sein
Sie werden im Verlauf des Trainings immer mehr Sicherheit gewinnen, die sich auch auf Ihren Hund überträgt. Je häufiger Sie gute Erfahrungen bei Hundebegegnungen machen, umso selbstsicherer und souveräner werden Sie auf den Spaziergängen.

Die Hunde haben Ihre innere Anspannung längst registriert: Sie merken sofort, wenn sich Ihr Pulsschlag erhöht, Körperspannung verändert und Ihre Atmung schneller wird. Das können Sie leider nicht verheimlichen.

Bereiten Sie sich vor

Versuchen Sie, sich auf Konfrontationen einzustellen, damit Sie gewappnet sind. Dazu gehört auch, dass Sie die Leine immer so fest halten, so als würde gleich der Lieblingsfeind Ihres Hundes um die Ecke biegen. Damit verhindern Sie, dass sich Ihr Griff im entscheidenden Augenblick verräterisch verstärkt und Ihrem Hund signalisiert: Hey, jetzt geht es los!

Falsch verknüpfte Verhaltensketten

Es handelt sich zum Beispiel um eine Verhaltenskette, wenn Ihr Hund seine Pöbelei für einen Bestandteil des erwünschten Verhaltens hält, das ihm seine Belohnung einbringt.

> ### Unerwünschte Verhaltensketten
> Wenn das Timing zu ungenau ist und der Hund im falschen Moment in seinem Verhalten bestärkt wird, können sich unerwünschte Verhaltensketten einschleichen, die anschließend mühsam wieder abtrainiert werden müssen.

Es gibt Hunde, die nach entsprechendem Training gut ansprechbar sind und auf ihren Menschen reagieren, wenn Sie anderen Hunden begegnen, die sich jedoch, sobald sie ihre Belohnung heruntergeschluckt haben, wieder laut bellend in die Leine hängen. Auch jetzt reagieren sie sofort, wenn sie von ihrem Menschen angesprochen werden, beruhigen sich kurz, um ein Leckerchen zu kassieren, um sich dann erneut auf den fremden Hund zu stürzen.

Gehen Sie einen Schritt zurück

Man bekommt leicht den Eindruck, man würde gar keine Fortschritte machen. Dabei hat der Hund das Trainingskonzept durchaus umgesetzt – nur nicht ganz in unserem Sinn. Für ihn ist die Aufregung ein Teil des Spiels.
Bei näherer Betrachtung fällt jedoch auf, dass ein Trainingserfolg vorliegt. Während der Hund früher in der gleichen Situation gar nicht mehr ansprechbar gewesen war, reagiert er nun und lässt

Beispiel für eine unerwünschte Verhaltenskette durch die Abfolge: Toben – Ruhe – Belohnung abholen – weiter toben. Besser: das Verhalten ignorieren und den Hund aus der Situation entfernen.

sich – zumindest kurzfristig – beruhigen. Um dieses unerwünschte Verhalten zu vermeiden, muss in einem Abstand trainiert werden, in dem der eigene Hund den Fremden zwar wahrgenommen hat, aber noch nicht zu stark reagiert. Wählen Sie also lieber einen größeren Abstand, um das erwünschte Verhalten sauber einzuüben, als übereilt vorzugehen und die Abstände zu schnell zu reduzieren!

Wenn gar nichts klappt

Überdenken Sie die einzelnen Trainingsschritte noch einmal: An welcher Stelle bleibt Ihr Hund immer wieder hängen? Lässt sich dieser Übungsabschnitt in kleinere Schritte unterteilen? Vermutlich ist der Abstand zu den anderen Hunden zu klein. Vergrößern Sie den Abstand, bis es wieder klappt, und gehen Sie nicht zu schnell vor. Vielleicht erwarten Sie auch ein Verhalten, das Sie in einem anderen Zusammenhang geübt haben. Dann müssen Sie noch mehr generalisieren!

Unangenehme Überraschungen

„In 3 Metern Entfernung biegt ein Hund um die Ecke, der nicht weiß, dass wir erst mit einem Abstand von 30 Metern umgehen können!"

Ein guter Überblick bewahrt Sie weitgehend vor unangenehmen Überraschungen, aber nur die wenigsten von uns finden in Ihrer Alltagsumgebung die idealen Bedingungen!
Leider passiert es immer wieder, dass sich die Realität einfach nicht an Ihren Trainingsplan hält. Sie haben keinen Röntgenblick und können nicht ahnen,

dass sich hinter der nächsten Häuserecke Ihr Nachbar mit seinen zwei 40-Kilo-Hunden auf Kollisionskurs befindet. Regel Nummer 1: Ruhe bewahren. Selbst wenn Ihr Hund wie verrückt tobt, lassen Sie ihn bellen und zappeln. Treten Sie den Rückzug an. Drehen Sie sich auf dem Absatz um und entfernen Sie sich zügig. Vermeiden Sie es, jetzt auf ihn einzureden, und fordern Sie ihn auch nicht dazu auf, Blickkontakt aufzunehmen. Wenn Sie in sicherer Entfernung sind und einen Abstand zwischen sich und den beiden Überraschungshunden gelegt haben, mit dem Ihr Vierbeiner wieder umgehen kann, verlangen Sie, dass er sich setzt und lassen Sie ihn eventuell Blickkontakt aufnehmen. Nun können Sie Ihren Hund belohnen. Damit beruhigen Sie die Situation und sorgen dafür, dass dieses stressige Erlebnis für Ihren Hund noch ein gutes Ende nimmt.

Bei unerwarteten Hundebegegnungen ist es keine Schande, einfach umzudrehen.

Abgebrochener Blickkontakt

„Mein Hund bricht den Blickkontakt immer schon vor meiner Freigabe ab." Wenn Ihr Hund ein unüberwindbares Problem damit hat, den Blickkontakt zu halten und Ihnen länger in die Augen zu sehen, dann verändern Sie den Trainingsablauf entsprechend. Wie bereits erwähnt, muss Ihr Hund Ihnen nicht unbedingt in die Augen schauen. Möglicherweise ist es ganz in Ordnung für ihn, wenn er stattdessen einfach einen anderen Punkt Ihres Körpers ansieht.

Manche Hunde fühlen sich wohler, wenn Sie die Hand ihres Menschen anstupsen dürfen, statt in sein Gesicht zu schauen. Nehmen Sie, was Ihrem Hund leichter fällt und dennoch die Aufmerksamkeit vom anderen Hund lenkt. Wenn Sie sich dafür entscheiden, dass Ihr Hund Ihre Hand berühren soll, anstatt Blickkontakt aufzunehmen, können Sie folgendermaßen vorgehen:

Hand berühren
Vorbereitung
Starten Sie in ablenkungsarmer Umgebung. Halten Sie den Clicker und 10–15 schmackhafte kleine Leckerchen bereit. Legen Sie diese am besten neben sich auf einen Tisch, während Sie den Clicker in die Hand nehmen. Nun denken Sie darüber nach, welche Hand Ihr Hund mit der Nase berühren soll: Geht er üblicherweise rechts neben Ihnen, soll er die rechte Hand berühren, geht er an Ihrer linken Seite, soll er die linke Hand anstupsen. Den Clicker halten Sie in der jeweils anderen Hand.

1. Schritt
Nun halten Sie ihm die entsprechende Hand flach entgegen und warten, bis er sich ihr nähert. Sobald seine Nase Ihre Handfläche berührt, clicken Sie und geben ihm ein Leckerchen.

Passen Sie gut auf, dass Sie von Anfang an in „Alarmbereitschaft" sind. Es wäre schade, wenn Sie das erste Interesse Ihres Hundes verpassen. Wiederholen Sie dies ein paarmal, bis Ihr Hund zielstrebig Ihre ausgestreckte Hand berührt. Am Anfang clicken Sie immer sofort, sodass Ihr Hund seine Nase nur für eine Sekunde an Ihre Hand hält. Der Click ist gleichzeitig die Freigabe für Ihren Hund – und die Ankündigung der Belohnung.

2. Schritt
Ihr Hund weiß nun, was Sie von ihm erwarten, wenn Sie ihm Ihre flache Hand entgegenstrecken. Er kennt aber noch kein Hörzeichen dafür. Damit Sie diese Übung jedoch gezielt bei Hundebegegnungen einsetzen können, wird ein Hörzeichen eingeführt.
Halten Sie ihm wieder Ihre flache Hand entgegen. Sobald er sie mit seiner Nase berührt, sagen Sie das neue Signalwort, beispielsweise „Touch". So kann er seine Handlung mit dem neuen Hörzeichen verknüpfen. Wiederholen Sie diesen Schritt einige Male.

3. Schritt
Nun halten Sie ihm die flache Hand hin und geben das Hörzeichen, bevor er Ihre Hand berührt. Wiederholen Sie es einige Male.

4. Schritt

Zögern Sie den Click etwas hinaus. Warten Sie aber nicht so lange, bis er sich abwendet! Wenn das geschieht, starten Sie einen neuen Versuch und verkürzen Sie die Dauer zwischen Berührung und Click ein wenig. Zu Beginn steigern Sie die Länge der Berührung im Sekundentakt, indem Sie immer etwas später clicken.

5. Schritt

Nun muss er lernen, Ihre herabhängende Hand zu berühren. Es ist sinnvoll, schon bald die Position der Hand zu verändern. Lassen Sie Ihren Arm schrittweise hängen, bis er sich in einer normalen Haltung befindet.

Eine gute Alternative zum Blickkontakt ist die Berührung einer Hand.

6. Schritt

Variieren Sie die Trainingsorte und bauen Sie immer mehr Ablenkungen in Ihr Training ein. Erhöhen Sie lagsam den Schwierigkeitsgrad. Damit Sie beim Spazieren gehen die Hände frei haben, benutzen Sie den Clicker zum Einüben und ersetzen Sie ihn durch ein Freigabewort.

Auch hier gilt wieder: Gestalten Sie die Übungen kurz und hören Sie auf, bevor Ihr Hund die Lust daran verliert. Üben Siee lieber öfter in kleinen Einheiten.

Finden Sie Ihren eigenen Weg

Die hier beschriebenen Trainingsabläufe sind kein Dogma! Entscheidend ist, dass Sie erfolgreich sind und am Ende des Trainings mit einem ruhigen Hund an der Leine an fremden Hunden vorbeigehen können. Deswegen habe ich großen Wert darauf gelegt, die Grundlagen am Anfang des Buches darzustellen, damit Sie die beschriebenen Trainingsabläufe lediglich als Anregung betrachten können. Ich möchte Sie ermutigen, die dargestellten Abläufe zu variieren und Ihren ganz persönlichen Anforderungen anzupassen. Denn dann können Sie der Individualität Ihres Hundes und Ihrer gemeinsamen Ausgangssituation am ehesten gerecht werden!

Nur Mut

Zum Abschluss möchte ich Sie dazu ermutigen, sich den Herausforderungen des Trainings zu stellen! Kleinere Rückschläge wird es sicherlich geben. Gehen Sie einen Schritt zurück und denken Sie in den schwierigeren Trainingszeiten an die zahlreichen harmonischen und entspannten Spaziergänge, die nach den langen Trainingsmonaten folgen.
Ich wünsche Ihnen viel Spaß und Erfolg beim Training und viele entspannte Spaziergänge mit Ihrem Hund – mit und ohne Leine!

Service

Quellen

Aloff, Brenda: **Aggression in Dogs**. Practical Management, Prevention and Behavior Modification. Dogwise Publishing 2004.

Hallgren, Anders: **Rückenprobleme beim Hund**. animal learn 2004.

McConnell, Patricia & Karen London: **Feisty Fido.** Help for the Leash Aggressive Dog. Dog's Best Friend, Ltd. Black Earth USA 2003.

Rugaas, Turid: **Hilfe, mein Hund zieht**. animal learn 2004.

Hoefs, Nicole & Petra Führmann: **Das Kosmos Erziehungsprogramm für Hunde**. Kosmos 1999.

Führmann, Petra & Iris Franzke: **Erziehungsprobleme beim Hund**. Verhaltensprobleme verstehen und lösen. Kosmos 2004.

O'Heare, James: **Das Aggressionsverhalten des Hundes**. Ein Arbeitsbuch. animal learn 2004.

Pryor, Karen: **Don't shoot the dog**. The New Art of Teaching and Training. Bantam Books, USA 2001.

Yin, Sophia: **How to behave so your dog behaves**. T.F.H. Publications, Neptune City USA 2004.

Donaldson, Jean: **Fight**. A Practical Guide to the Treatment of Dog-Dog Aggression. The San Francisco SPCA, USA 2004.

Donaldson, Jean: **Mine!** A Practical Guide to Resource Guarding in Dogs. The San Francisco SPCA, USA 2002.

Lindsay, Steven: **Handbook of Applied Dog Behavior and Training Volume One and Two**. Iowa State University Press, USA 2000.

Winkler, Sabine: **So lernt mein Hund**. Der Schlüssel für die erfolgreiche Erziehung und Ausbildung. Kosmos 2001.

Ryan, Terry: **Coaching People to Train Their Dogs**. A Resource Manual for Pet Dog Class Instructors. Legacy Canine Behavior and Training, Inc., USA 2005.

Schneider, Dorothee: **Die Welt in seinem Kopf**. animal learn 2005.

Tillman, Peggy: **Clicking with your dog**. Sunshine Books Inc. USA 2000.

Zum Weiterlesen

Blenski, Christane: **Hundespiele.** Frische Spielideen für fröhliche Hunde. Kosmos 2007.

Bloch, Günther: **Der Wolf im Hundepelz.** Hundeerziehung aus unterschiedlichen Perspektiven. Kosmos 2004.

Clothier, Suzanne: **Es würde Knochen vom Himmel regnen.** Über die Vertiefung unserer Beziehung zu Hunden. animal learn 2004.

Coppinger, Ray & Coppinger, Lorna: **Hunde.** Neue Erkenntnisse über Herkunft, Verhalten und Evolution der Caniden. animal learn 2003.

Donaldson, Jean: **Hunde sind anders ... Menschen auch.** So gelingt die problemlose Verständigung zwischen Mensch und Hund. Kosmos 2000.

Feddersen-Petersen, Dorit Urd: **Hundepsychologie.** Sozialverhalten und Wesen, Emotionen und Individualität. Kosmos 2004.

Führmann, Petra & Iris Franzke: **Erziehungsprobleme beim Hund.** Verhaltensprobleme verstehen und lösen. Kosmos 2004.

Führmann, Petra & Nicole Hoefs: **Erziehungsspiele für Hunde.** Kosmos 2002.

Hoefs, Nicole & Petra Führmann: **Erziehungsprogramm für Hunde.** Kosmos 2006.

Lübbe-Scheuermann, Perdita & Frauke Loup: **Unser Welpe.** Auswahl und Eingewöhnung, Haltung, Pflege und Ernährung, Sozialisierung, Erziehung und Beschäftigung. Kosmos 2006.

McConnell, Patricia B.: **Das andere Ende der Leine.** Was unseren Umgang mit Hunden bestimmt. Kynos 2004.

Schneider, Dorothee & Armin Hölzle: **Fährtentraining für Hunde.** Kosmos 2005.

Theby, Viviane: **Schnüffelstunde.** Kynos 2003.

Winkler, Sabine: **So lernt mein Hund.** Der Schlüssel für die erfolgreiche Erziehung und Ausbildung. Kosmos 2005.

Nützliche Adressen

Verband für das Deutsche Hundewesen (VDH)
Westfalendamm 174
D-44041 Dortmund
www.vdh.de

Österreichischer Kynologenverband (ÖKV)
Siegfried-Marcus-Str. 7
A-2362 Biedermannsdorf
www.oekv.at

Schweizerische Kynologische Gesellschaft (SKG)
Länggasstr. 8
CH-3001 Bern
www.hundeweb.org

Berufsverband der Hundeausbilder und Verhaltensberater e. V. (BHV)
Eppsteiner Str. 75
D-65719 Hofheim
www.hundeschule.de

Gesellschaft für Tierverhaltenstherapie (GTVT)
Am Kellerberg 18 a
D-84175 Gerzen
www.gtvt.de

Anke Mücke
mobile Hundeschule Nordhorn
info@hundeschule-nordhorn.de
www.hundeschule-nordhorn.de

Register

Abgebrochener Blickkontakt 118
Ableinen 106, 108
Ablenkung 30
Ablenkungsgrad 54
Abstand 27, 97, 101
Aggression 18
Aggressionsproblem 108
Akustischer Reiz 10
Akustischer Strafreiz 104
Alternativverhalten 96, 100
Anforderung steigern 37
Angst 13, 92
Anspannung 116
Anzeichen erkennen 76
Aufmerksamkeitstraining mit Schleppleine 80
Aufregung 91, 96
Ausdauer 95
Auseinandersetzung 106
Ausrüstung 40
Ausweichen 110

Barrieren nutzen 102
Bauchleine 48, 70
Befreiungswort 98
Begegnung auf Distanz 100
Bellen 18
Belohnung 13, 14, 28 ff., 95
Belohnung abbauen 37
Belohnung einführen 36
Belohnung wählen 68
Belohnungsfavoriten 32
Belohnungssystem aufbauen 36
Beruhigen 94
Bestechung 34
Betteln 39
Bewegungsdrang 64
Bindung 21
Blick freigeben 99
Blickfeld 43

Blickkontakt 41, 70, 96, 98
Blickkontakt unterbrechen 110
Blickrichtung beeinflussen 109
Brustgeschirr 41

Charakter 9, 67
Clicker 48, 119

Deeskalation 110
Desensibilisierung 24

Eigenständige Rückorientierung 76
Einflussbereich 107
Entfernung verringern 102
Erregungszustand 96
Ersatzhandlung 96
Ersatzverhalten 23
Erste-Hilfe-Maßnahme 109
Erwünschtes Verhalten 14
Erziehungs-Equipment 8
Erziehungsgeschirr 51
Eskalation vermeiden 101

Fehlende Alternativen 93
„Fein" 34
Fixieren 110
Flexileine 47
Freigabe 98
Freigabewort 120
Freilauf 47
Futter 28
Futterbelohnung 68

Geduld 26, 90
Generalisieren 55
Gewohnheit 24
Gewöhnung ans Brustgeschirr 43
Gewöhnung ans Halti 44

Größe 5
Gründe für Leinenaggression 91
Grundgehorsam 66

Halsband 40
Halti 43
Hand berühren 119
Handhabung der Leine 47
Hilfsmittel 40
Hörzeichen 119
Hörzeichen einführen 82
Hunde fern halten 108
Hunde positiv besetzen 96
Hunde verfolgen 104
Hundebegegnungen 100, 106
Hundefreunde 30

Ignoranz 106
Ignorieren 104
Impulskontrolle 105
Individualität 121
Inkonsequenz 38
Isolieren 95

Klassische Gegenkonditionierung 22, 96
Klassische Konditionierung 10, 21
Konditionierung auf den Clicker 49
Konfrontation 100, 116
Konsequenz 67, 90, 95
Konzentration 76
Kopfhalfter 43, 87, 109

Langsam gehen 78
Laufrichtung 43
Lauftempo 65
Leckerchen 95
Leckerchen werfen 74
Leckerchen reduzieren 76

Register

Leckerchen-Test 32
Leine 47
Leine, durchhängende 71
Leinenaggression 18, 90
Leinenaggression abbauen 90
Leinenführigkeit 67
Leinenkasper 88
Leinenruck 13, 17, 50
Leinentraining 67 ff.
Lernbereitschaft 21
Lernen 10
Lerntempo 53
Lob 28, 72
Löschungstrotz 86

Mangelnde Aufmerksamkeit 66
Menschliches Versagen 92
Methoden 22
Missverständnisse 4
Motivation 11, 28 f.

Negative Strafe 20
Negative Verstärkung 14, 16

Operante Gegenkonditionierung 23, 96
Operante Konditionierung 11, 21
Oppositionsreflex 17
Optischer Reiz 10

Positive Strafe 14, 17
Positive Verstärkung 14, 28

Ratschläge 106
Reiz 10, 24
Richtungswechsel 73
Rituale 87
Ruckdämpfer 80
Rückwärts gehen 80
Ruhe bewahren 118
Rüpel 92
Rütteldose 104

„Schau her" 98
Schlechte Erfahrungen 92
Schleppleine 80
Schlüsselreiz 55
Schmerz 50
Schwierigkeitsgrad erhöhen 103
Schwierigkeitsstufen 57
Selbstbelohnend 66
Sicherheit 59, 94
Sichtschutz 102
Sichtweite 107
Signalwörter 98
„Sitz" 104
Sozialisation 92
Spielen 28
Stachelhalsband 17, 50
Standards setzen 36
Stehen bleiben 70
Stimmungsübertragung 115
Strafe 13
Streicheln 28
Stress 17, 19, 96
Stufenmodell 56

Team 9
Theorie 9
Timing 76
Toben 18
Toleranz unter Hunden 4
Toleranzgrenze 24, 102
„Touch" 119
Trainer 8
Trainingsaufbau 69, 90, 96
Trainingsbeginn 8
Trainingsdauer 67
Trainingsgelände 54
Trainings-Management 110
Trainingsort 54, 95

Trainingsplan 52 ff.
Trainingsplan zur Leinenaggression 111
Trainingsplan zur Leinenführigkeit 83
Trainingsstandard 103
Trainingsvariante für Ungeduldige 73
Troubleshooting 86, 115

Überbrückungswort einführen 34
Übungen für Zuhause 88
Übungsaufbau planen 52
Umgebung 29
Umgebungswechsel 77
Unerwünschte Verhaltensmuster 14, 25
Unsicherheit 19, 92

Verhalten ändern 26, 90
Verhalten formen 62
Verhaltensalternative 93
Verhaltenskette 116
Verhaltenskorrektur 22
Verknüpfung 22
Verständnislosigkeit 106
Vertrauen 13, 15, 21
Vorbereitung 8

Warten lernen 88
Warum Hunde ziehen 17, 64
Weiter-so-Signal 76
Wiederholung 25, 75
Würgehalsband 50

Zeit 38
Zeitspanne erhöhen 100
Zufallsprinzip 38

Bildnachweis und Impressum

Alle Farbfotos wurden von Karin van Klaveren/Kosmos extra für dieses Buch aufgenommen. 2 Aufnahmen sind von Christof Salata/Kosmos (2; S. 108 beide)
Alle Farbillustrationen wurden von Angelika Schmohl angefertigt.

Impressum

Umschlaggestaltung von eStudio Calamar unter Verwendung eines Farbfotos von Karin van Klaveren/Kosmos.

Bibliographische Information der Deutschen Nationalbibliothek

Die Deutsche Nationalbibliothek verzeichnet diese Publikation in der Deutschen Nationalbibliografie; detaillierte bibliografische Daten sind im Internet über http://dnb.ddb.de abrufbar.

Gedruckt auf chlorfrei gebleichtem Papier

Unser gesamtes lieferbares Programm und viele weitere Informationen zu unseren Büchern, Spielen, Experimentierkästen, DVD, Autoren und Aktivitäten finden Sie unter **www.kosmos.de**

© 2007, Franckh-Kosmos Verlags-GmbH
& Co. KG, Stuttgart
Alle Rechte vorbehalten
ISBN 978-3-440-10630-3
Redaktion: Alice Rieger
Gestaltungskonzept: eStudio Calamar
Produktion: Kirsten Raue / Eva Schmidt
Printed in Germany/
Imprimé en Allemagne

Alle Angaben in diesem Buch erfolgen nach bestem Wissen und Gewissen. Sorgfalt bei der Umsetzung ist indes dennoch geboten. Autorin und Verlag übernehmen keinerlei Haftung für Personen-, Sach- und Vermögensschäden, die aus der Anwendung der vorgestellten Materialien und Methoden entstehen können.